ZHONGHUA WENMING GUSHI

中华文明故事

两宋攀高峰

陈建中 ◎ 主编 赵显明 ◎ 编著

希望出版社

图书在版编目（CIP）数据

中华文明故事．两宋攀高峰 / 赵显明编著；陈建中主编．
-- 太原：希望出版社，2019.6（2021.6重印）
ISBN 978-7-5379-8075-3

Ⅰ．①中… Ⅱ．①赵… ②陈… Ⅲ．①文化史－中国
－宋代－青少年读物 Ⅳ．① K203-49

中国版本图书馆 CIP 数据核字（2019）第 011193 号

图片代理：全景视觉

中华文明故事 / 两宋攀高峰

陈建中　主编　　　赵显明　编著

出 版 人：孟绍勇
策划组稿：杨建云　　赵国珍
项目统筹：翟丽莎
责任编辑：张　平
复　　审：刘志屏
终　　审：杨建云
装帧设计：陈东升　　罗紫涵
美术编辑：王　蕾

出版发行：希望出版社
地　　址：山西省太原市建设南路 21 号
开　　本：720mm×1000mm　1/16
版　　次：2019 年 6 月第 1 版
印　　张：10.5
印　　次：2021 年 6 月第 2 次印刷
印　　数：5001-10000册
印　　刷：三河市同力彩印有限公司
书　　号：ISBN 978-7-5379-8075-3
定　　价：35.00 元

中华文明故事

两宋攀高峰

目录

907年，唐朝灭亡，我国进入了五代十国的长期战乱时期。960年，后周大将赵匡胤发动了著名的"陈桥兵变"，建立了宋朝。从此以后，中华古文明进入了飞速发展的第三个高峰期——宋元时期。

宋元时期，中华古文明在哲学思想、科学发现、应用技术和文学艺术等许多方面都达到了高峰。如果说宋初是儒、道、佛三家思想的交汇，为哲学的繁荣奠定了坚实的学术基础，那么，社会环境的改善和四大发明的应用则为科学技术的进步带来了重要的契机。同时也为文学艺术、绘画书法、诗词歌赋、史学发展提供了良好的发展条件。

为什么中华古文明在宋朝时期能够达到一个新的、辉煌的高峰？

首先是宽松的社会环境。从唐朝灭亡直到元朝建立，在近四百年的历史时期内，再也没有出现过如秦朝"焚书坑儒、以吏为师"的暴政，也没有出现像汉武帝那样"罢黜百家、独尊儒术"的思想禁锢。

其次是发达的海外贸易。宋朝打破了历朝对商业的限制和对商人的歧视，对商业、手工业采取了普遍的扶持政策。国内商品流通市场的初步建立，海外贸易的长足发展，不仅为商品经济的出现——资本主义萌芽的生长提供了良好的社会环境，同时也为科学技术的进步提供了巨大的动力。

再次是科学技术的广泛应用。魏晋南北朝时期取得的科学技术成果，直接导致了社会生产力的发展和社会文明的进步，尤其是以四大发明为基础的先进技术得到了极为广泛的应用，为科学技术的推广、文化知识的传播和文学艺术的发展奠定了良好的物质基础。

历史研究表明，正是宽松的社会环境、发达的海外贸易和科学技术的广泛应用，在宋朝孕育出了世界上最先出现的资本主义萌芽，而这一切都为中华古文明的再一次飞跃奠定了重要的经济基础和社会基础，并对整个世界的文明进程产生了极为重大的影响。

宋王朝逐鹿中原
武穆韩公忠魂舞
远洋商路通四海
天文物理谱新篇
地学生物开奇葩
四大发明传海外
精美建筑耀星灿
名贵瓷器传世
两宋文坛群星灿
书法艺术新天地
绘画艺术美绝伦

宋 逐鹿中原 王朝

　　907 年，原黄巢手下大将朱温篡夺了唐朝的皇位，建立了后梁。从那个时候开始，"朱李石刘郭"先后称帝，走马灯似的建立了"梁唐晋汉周"五个王朝，华夏历史进入了战火纷乱的五代十国时期。

　　951 年，驻守邺郡的后汉大将郭威杀了汉隐帝刘承祐，建立了五代的最后一个王朝——后周。可惜郭威只当了三年皇帝就病死了，他的养子晋王柴荣登基，当上了后周的皇帝。

周世宗威震天下

周世宗柴荣

周世宗柴荣率领后周军队先打败了割据太原的北汉和割据南方的南唐，接着，又掉头北上打败了契丹人建立的辽国，占领了整个中原地区，为宋朝的建立打下了牢固的基础。

柴王爷当上了后周皇帝，就是历史上著名的周世宗。割据太原的北汉国主刘崇听说郭威病死，认为好机会来了，立即率领三万人马，又联合辽国一万多精锐骑兵南下，直逼后周重镇潞州（今山西长治）。

面对危机，后周举国上下极度恐慌，朝中文武百官主张投降。只有周世宗柴荣和刚刚拜相的王溥主张抗敌，由皇帝率领大军御驾亲征。

两军对阵，周世宗亲自率领禁军冲入刘崇的中军大帐。经过一场激战，刘崇几乎全军覆没，只带着几百名残兵败将逃回了晋阳。辽国的骑兵也败回了大草原。

打败了辽国和后汉的联军，割据江南的南唐就成了后周统一全国的最大障碍。从显德三年（956年）开始，周世宗亲自率领大军对南唐进行了三次大规模南征。

在后周军队的强大攻势面前，南唐不得不向后周献出了长江以北的全部州县。

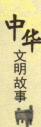

《 出师未捷身先死 》

周世宗三征淮南，取得了南唐在长江以北的全部土地以后，立即又掉过头来挥师北上，向屡次挑衅的辽国发动了大规模的反击。

显德六年（959年）四月，周世宗御驾亲征，率领大军直入辽国边境，兵锋所向如入无人之境。

不幸的是，仅仅过了一个月，踌躇满志的周世宗在北上幽州的路上突发重病，不治身亡，真正是"出师未捷身先死，长使英雄泪满襟"。

周世宗柴荣病逝，年仅7岁的幼子柴宗训继承了皇位。就在周世宗去世的第二年正月，后周边境上突然传来了辽国与北汉再次出兵南下的消息。

后周朝廷下令殿前都检点赵匡胤率领大军北征。众军走到陈桥驿，将士们把皇帝穿的龙袍披到了酒后醉睡的赵匡胤身上，拥立他登上了皇帝宝座，这就是历史上著名的"陈桥兵变"。兵变之后，赵匡胤建立了宋朝，史称北宋。

这次"陈桥兵变"，其实就是赵匡胤亲自导演的一场戏。

宋太祖杯酒释兵权

宋太祖赵匡胤发动"陈桥兵变"，从后周小皇帝柴宗训手中夺取了皇位。他利用周世宗打下的坚实基础，率领宋军下荆南、平西蜀、平南汉、灭南唐。最终建立了宋朝，一统天下。

《 宋太祖下江南 》

974年，宋太祖扫灭群雄，兵锋直指割据江南的小朝廷——南唐。

宋太祖赵匡胤

南唐皇帝李煜是中国历史上有名的"词作家"。北宋军队兵临城下，这位李后主只得派使者面见赵匡胤，声称自己对宋朝如同儿子孝顺父亲一样，没有什么罪过，请求赵匡胤宽恕自己。

志得意满的宋太祖赵匡胤对南唐求和的使者说了一句非常经典的话："吾卧榻之侧，岂容他人酣睡！"

975年，北宋大军攻入金陵，南唐后主李煜被俘，最后一个割据江南的小朝廷宣告灭亡。除了太行山西北占据太原的北汉之外，中原大地上所有的割据势力全部被打败，华夏大地上再次出现了大一统的曙光。

《 杯酒释兵权 》

宋太祖赵匡胤当上皇帝以后，深怕别人也照样来个"黄袍加身"。因此，狡猾的赵匡胤又玩了个"杯酒释兵权"的把戏。

一天，赵匡胤召集他手下那帮"弟兄们"喝酒，酒过三巡，他眉头紧锁，唉声叹气。众将不解，问他有什么烦心事。

杯酒释兵权

赵匡胤说："你们全都是我的好兄弟，我知道你们对我十分忠心。可是，如果有一天你们手下的人也把黄袍披在你们身上，你们又能有什么办法呢？"

众将听了这话，吓得脸都白了，全跪下了。赵匡胤接着

中华
文明故事

说："现在天下太平，为了我们的兄弟情义，大家都放下手中的兵权，过荣华富贵的好日子，怎么样？"

众将这才放下心来，喝干了杯中的御酒，交出了手中的兵权。五代十国以来，多次上演的"统兵大将篡夺皇位"的闹剧就此闭幕了。

宋朝从960年建立，到1279年灭亡，先后与北方的辽国、金国、西夏、蒙古对峙300多年。涌现出了许多可歌可泣的英雄人物，演绎了"江山如此多娇，引无数英雄竟折腰"的悲壮历史！

拒辽兵烽火边关

北宋结束了五代十国的割据纷争，先统一了中原，又占据了江南，最后只剩下了北方草原上的劲敌——契丹人建立的辽国和辽国铁骑支持之下割据太行山以北的北汉政权了。

976年，赵匡胤病死，他的弟弟赵光义登基做了皇帝。

赵光义上台不久，就向辽国发动了强大的攻势，目的就是攻取北汉，并收复五代时期沦入契丹的幽云十六州。

《 割让幽云十六州 》

这幽州、云州十六州是怎么沦入契丹之手的呢？还得从五代十国的战乱说起。

唐朝末年，北方大草原上的契丹开始强盛起来。不久，契丹首领耶律阿保机统一了契丹各部落，并开始向外扩张。926年，耶律阿保机病死，他的二儿子耶律德光继承了契丹王位。不久，耶律德光正式称帝，建国号为辽，历史上称他为辽太宗。

936年，耶律德光趁着唐朝灭亡、中原大乱的机会扶持后唐大将石敬塘建立了后晋。石敬瑭这个"儿皇帝"为了得到契丹的支持，就把中原北部的幽州、云州等十六州割让给了契丹。

《 战大辽攻灭北汉 》

北宋太平兴国四年（979年）初春，宋太宗赵光义御驾亲征，集中优势兵力大举进攻辽国，北宋军队在白马岭打败辽兵，大将耶律敌烈战死，举国震动。

打败了辽国，北宋趁机重兵围攻太原，北汉君主刘继元被迫投降，北方地区的最后一个割据政权宣告灭亡。宋王朝终于统一了中原。

因为李世民父子曾经在太原起兵建立了唐朝，所以，赵光义认为太原是"龙兴之地"，就一把大火焚毁了太原古城。

由于北汉边境紧挨着幽州、云州等十六州，因此北汉政权灭亡之后，立即拉开了宋、辽两国争夺幽州、云州等十六州的战幕。

《 北宋军队第一次北伐 》

979年，宋太宗灭掉北汉后，乘胜率军北伐辽国，企图收复当年"儿皇帝"石敬瑭割让给契丹的幽州、云州等十六州。

北宋军队初战获胜，很快就占领了易州和涿州。接着，宋太宗又亲自率领大军直抵幽州（今北京市）城下，与守城辽军展开激战。

这时，辽国大将耶律休哥率领援兵赶到，双方在高梁河（今北京西直门外）展开激战。在耶律休哥的援军与守城大军的两面夹击之下，宋军死伤惨重，败回了汴京。

北宋军队第二次北伐

北宋雍熙三年（986年）六月，辽景宗病死，十二岁的辽圣宗耶律隆绪即位，宋太宗认为有机可乘，于是，兵分三路发动了第二次北伐。

这次，北宋军队分三路进攻。

东路军由大将曹彬率领，出瓦桥关攻取涿州。中路军由大将田重进率领，出飞狐关攻取蔚州。西路军是全军主力，由大将潘美和杨业率领，出雁门关攻取云州、朔州和应州。

北宋军队的战略意图是以东路军吸引辽军的主力，西路军夺取云、朔、应诸州，然后三路大军再以钳形攻势一举拿下幽州。

西路宋军进展神速，杨业号称"杨无敌"，率领大军接连攻克云、朔、应、寰四州。中路北宋军队也很快拿下了蔚州。但是，东路军先胜后败，大将曹彬在岐沟关（涿州西北）陷入重围，伤亡惨重。

由于曹彬兵败涿州，另外两路北宋军队被迫后退，杨业孤军深入，因为无法得到主帅潘美的支援陷入重围，在两狼山以身殉国。

北宋军队这次北伐以失败告终，不仅损失了大量人马，而且损失了一位智勇双全的杰出将领——杨业。

民间流传的《杨家将》的故事讲述的就是杨业父子的英雄事迹。

北宋建水长城

北宋两次出兵收复幽州、云州等十六州都遭到惨败后，形势开始逆转：宋军由主动进攻转入被动防守，辽国对北宋形成了步步紧逼的态势。

北宋为了防守边境，想了许多办法。有人提出，掘开黄河北岸大堤，用洪水阻挡辽兵；还有人提出，在沧州、定州、雄县一线修筑长城。但是，这些措施在短时间内都难以实现。

最后，按照沧州刺史何承矩的建议：在河北的定兴、雄县和霸县一带利用白洋淀的湖水修建了大量的"水方田"。这就是历史上著名的"水长城"。

北宋边境地区的水网化既阻碍了辽国骑兵的南下之路，又为当地居民创造了良好的耕作环境。古老的白洋淀成为华北平原上一颗璀璨夺目的明珠。

直到今天，我们在白洋淀一带仍然可以看到昔日"水方田"的遗迹。

《 辽宋结"澶渊之盟" 》

北宋咸平七年（1004年），辽圣宗与皇太后亲自率领20万大军越过"水长城"南下，兵锋直指澶州，严重威胁了北宋都城——东京汴梁的安全。

辽国大军在南侵途中受到北宋军队顽强抗击，损失惨重，虽然勉强到达了黄河岸边，其实已经无力再战，只好示意北宋王朝愿意"议和"。此时北宋皇帝早被辽兵吓破了胆，正准备"迁都"避难呢！得到对方愿意"议和"的消息，立即就答应了。最终两国和议成功，这就是著名的"澶渊之盟"。

宋辽缔结了"澶渊之盟"。北宋每年送给辽国许多金银、丝绸并彻底放弃了收复幽州、云州等十六州。直到1125年，辽国被金国灭亡，北宋、辽国再没有出现大的军事冲突。

战西夏西北鏖兵

北宋和辽边境刚刚安定下来，西北大漠又燃起了烽烟。地处西北的

中华文明故事

党项族是羌族的一个分支，虽然处于割据状态，在形式上却是北宋王朝的一部分。

《 李元昊登基称帝 》

1038年，党项族首领李元昊恢复了原来的姓氏——嵬名元昊，在银川正式称帝，建国号"大夏"，历史上称为西夏。西夏的领土以银川为中心，东临黄河，西至玉门，南迄萧关，北抵大漠，占据了包括宁夏、甘肃、青海、陕西北部和内蒙古的大部分地区。

嵬名元昊称帝后，知道北宋不会轻易承认大夏建国，决定先发制人。

西夏大军在嵬名元昊的率领下先后向北宋的府州（今陕西府谷）、环州（今甘肃环县）、庆州（今甘肃庆阳）发起攻击，并且多次击败北宋军队。

《 息烽火重修旧好 》

西夏与北宋连年交战，大的战役有三次，都以北宋军队战败而结束。

第一次交锋：北宋康定元年（1040年）正月，嵬名元昊亲率大军进犯北宋保安军（今陕西省志丹县），由于北宋延州统帅范雍指挥无

西夏国珍宝

西夏1038年建国，这个地处西北的少数民族政权创造了自己的文字，建立了辽阔而美好的家园，留下了许多精美的古代文明遗迹，在中华古文明史上写下了光辉的一页。

能，北宋军队几乎全军覆没。北宋政权只好起用韩琦、范仲淹为统帅，抵挡西夏。

第二次交锋：由于北宋皇室对执掌兵权的将帅心存疑虑，战况稍有好转，又改任夏竦为军中主帅，韩琦和范仲淹二人反而成了副手。

北宋康定二年（1041年）二月，由于夏竦求功心切，韩琦派大将任福率18000精兵深入敌后，截断西夏大军的归路，自己率领大军正面出击，企图两面夹击，全歼西夏主力。不料，这18000精兵在好水川陷入西夏大军的重围，全军覆没，大将任福战死。第二次交锋，北宋军队再次失利。

第三次交锋：康定三年（1042年）九月，北宋军队在定川砦西遭到元昊重兵围困，统兵大将战死，近万名官兵、上千匹战马都成了西夏的战利品。元昊率领西夏大军乘胜南下，兵锋直指渭州。据说，元昊得意洋洋地对部下宣称要"亲临渭水、直取长安"。

危急时刻，最让西夏人畏惧的北宋军队环庆路主帅范仲淹亲率大军赶到，元昊才引兵退去。

双方交战以来，西夏不仅失去了以前北宋每年送的银两、钱财和布帛，连民间贸易也完全停止了。没有钱是打不了仗的，北宋政权虽然屡遭挫败，但是，还能勉强支持。而连连获胜的西夏在经济上却陷入了困境，再也打不下去了。

宋仁宗庆历四年（1044年），西夏国王嵬名元昊取消了帝号，仍然对北宋称臣。北宋皇帝也重新册封他为国主，西夏再次恢复了割据状态。

北宋每年赐给西夏白银七万两，绢十五万匹，茶叶三万斤。并在陕西和宁夏两地开放双方"茶马互市"的榷场。直到1227年，蒙古大军灭亡西夏，北宋和西夏边境再也没有发生过大的战乱。

金太宗平辽灭宋

1031年，辽兴宗在位时，生活在安山虎水一带的女真族完颜部落逐渐强大起来。1094年，完颜部落联盟首领完颜阿骨打率众用武力统一了女真各部落。

1114年，辽国的天祚帝耶律延禧为了拉拢女真族，加封完颜阿骨打为辽国"节度使"。

《 建立金国 》

完颜阿骨打统一了女真各部落，立即开始向周边扩张。辽天庆四年（1114年）九月，完颜阿骨打刚刚当上辽国的"节度使"，就集合兵马，攻占了辽国统治下的宁江州、宾州、咸州等军事重镇。

1115年元旦，完颜阿骨打在弟弟完颜晟、国相完颜撒改的拥戴下正式建立了女真族政权，立国号为金。完颜阿骨打正式登上了皇帝的宝座，是为金太祖。

《 攻灭辽国 》

完颜阿骨打建国后，继续攻打

女真族建立的金国，于1125年联合北宋军队攻下了辽国的最后一座重镇幽州，灭了北方的辽国。1126年年底，金国大军又兵临汴京城下。1127年春，徽、钦二帝被掳往北方，北宋政权宣告灭亡。

金太祖完颜阿骨打

辽国。1115年9月，金兵攻占辽国重镇黄龙府（今吉林农安）。辽国天祚帝亲自率领几十万大军前往征讨，完颜阿骨打率军迎击，辽兵虽然人数众多，但是却被金兵打得溃不成军。

金太祖死后，他的弟弟完颜晟即位，是为金太宗。国内稳定之后，金太宗联合西夏，继续攻打辽国，并追击逃往夹山鸳鸯泺的辽天祚帝。

1125年2月，金兵联合宋军攻陷了辽国的最后一个重镇幽州，辽国萧皇后任用皇族耶律大石拼死抵抗并大破宋军，但最后终因寡不敌众，只好弃城出逃了。辽皇族耶律大石率残部西迁，最后，在中亚建立了西辽政权。

《 出兵灭北宋 》

金太宗完颜晟灭辽后，于北宋宣和七年（1125年）分兵两路，大举南侵。一路由完颜宗翰率领，围攻太原；一路由完颜宗望率领，直捣中原。两路金兵计划在宋都汴梁城下会师。

完颜宗翰率领的金兵进攻太原，北宋大将王禀率领全城军民顽强抵抗。由于军事重镇太原久攻不下，北宋各路勤王大军已经陆续到达东京，完颜宗望害怕陷入腹背受敌的绝境，只好退兵。

此时，北宋犯了一个严重错误——没有及时解太原之围。

东京汴梁城下的金兵虽然退去，围攻太原的金兵却有增无减，在攻打太原的同时还分兵南下，攻占了隆德府（山西长治），并开始进军高平。

直到此时，钦宗才起用种师道、种师中兄弟率兵迎敌，但为时已晚。种师道就是《水浒传》中鲁智深所说的"老种经略相公"，种师中就是"小种经略相公"。

完颜宗翰再次以重兵围攻太原，种师中奉命前往增援，走到寿阳石坑遭遇金兵，宋军五战三胜到达榆次。

金军以重兵围攻榆次，因援军没有按时到达，种师中率部死战，最后身负重伤，以身殉国。自此，太原解围战终成泡影。

北宋靖康元年（1126年）八月，完颜宗翰率金兵再次猛攻太原。已经被围困了将近一年的太原城，弹尽粮绝，陷入绝境。

北宋军民在大将王禀的率领下进行了顽强抵抗。然而，被焚毁后重建的太原城早已失去往日的雄风，城墙矮小，无险可守，最终沦入敌手。金兵城破后，大将王禀投水自杀，太原战役以北宋的惨败宣告结束。

太原失陷后，金兵解除了后顾之忧，再次大举进攻东京汴梁，东京汴梁重新陷入兵临城下的危局。

此时的北宋王朝，因为太原战败，主战派已被全部撤换。尽管各路援军已逼近东京，城中军民也决心与金兵决一死战，但是，投降派的官员却催促宋钦宗赶快出京城与金兵"议和"。宋钦宗出城后就失去自由，成了金人的俘虏。

1126年12月，金兵进入京城汴梁。第二年春天，金太宗下诏废宋徽宗和宋钦宗为庶人，并将宋徽宗、宋钦宗二帝和北宋宫廷中的后妃宫娥、文武百官都掳往了北方，北宋王朝宣告灭亡。这就是历史上著名的"靖康之变"。

投降派阴谋得逞

北宋王朝虽然投降了，但是，主战派将领并没有停止对金兵的作战。北宋大将宗泽，在"靖康之变"后，仍然联络各处勤王兵马准备抢渡黄河，截断金兵归路，迎回宋徽宗、宋钦宗二帝。后来，因各路兵马没能及时赶到，才未能实现。

南宋承宗真像

帝名構徽宗九子
在位三十六年殂
建炎

宋高宗赵构

金兵在"靖康之变"后掠走了宋徽宗、宋钦宗二帝，宗室亲王中只有钦宗的弟弟康王赵构幸免于难。1127年5月，在宗泽和各地官员的拥戴下，康王赵构在应天（今南京）即皇帝位，是为宋高宗。为了与建都东京汴梁的北宋王朝相区别，历史上称这个流亡江南的小朝廷为南宋。

宋高宗赵构刚即位时还干了点好事：任命抗战派将领李纲为宰相，任命宗泽为东京汴梁留守，率兵进驻东京。抗金形势很快就出现了转机。

由于南宋刚刚建立，军力不足，李纲决定联合大河上下的大宋军民共同抗金，并委任元帅张所为河北招讨使，招募河东、河北的义军。

李纲的做法触动了南宋王朝的要害，南宋皇室是不允许大臣执掌兵权的，更何况李纲联络的各地义军还是他们眼中的"盗贼"。于是，以汪伯彦、黄潜善为首的投降派提出了"罢免李纲相位，解散各地抗金义军"的卑劣主张。

李纲只当了75天宰相就被罢了官，投降派完全把持了朝政。赵构的做法引起了南宋军民的普遍不满，太学生陈东、进士欧阳彻联合太学生上书朝廷，要求罢免汪伯彦、黄潜善，恢复李纲的相位。

昏庸的宋高宗赵构却下令将陈东、欧阳彻斩首示众，并将李纲逐出

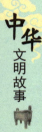

朝廷永不任用。赵构自己也在投降派官员的拥簇下从应天逃到了扬州。

《 中原地沦入金邦 》

1127年底，金兵再次大举进攻，企图占领整个中原。然而，这一次金兵在以宗泽为首的抗金军民的打击之下一败再败，只得狼狈逃回了北方。

老将宗泽一方面积极准备北渡黄河，收复失地；另一方面上书朝廷，要求高宗重返东京汴梁指挥北伐。

由于投降派的阴谋，聚集在东京汴梁附近的抗金军民很快就被朝廷遣散了，宗泽北渡黄河、恢复中原的计划也被彻底破坏了。

1128年7月，年近七旬的老将宗泽忧愤成疾，不幸去世。这位抗金名将在临死前还奋臂高呼："渡河！渡河！渡河！"宗泽死后，东京汴梁重新沦入敌手，不久，整个北方完全被金兵占领了。

韩公忠魂舞

武穆

南宋建炎二年（1128 年）七月，南宋抗金名将、开封留守宗泽忧愤而死；山东、山西、河南、河北的义军陷于群龙无首的境地。金太宗完颜晟认为时机已到，于是，命令金兵南下，活捉宋高宗赵构。

《 金兀术兵败江南 》

南宋建炎三年（1129年），金国名将金兀术（完颜宗弼）首先率兵攻占江淮，逃到建康的宋高宗把长江防务交给刚从开封逃回的大将杜充，自己和众臣从建康逃到了杭州。

宋高宗刚逃走，贪生怕死的杜充就投降了金国。金兀术率金兵渡过长江，连续攻克杭州、越州和明州（宁波）；宋高宗只好乘海船逃往温州，部分金兵也乘船入海紧追不舍。

追到海上的金兵先遇到大风，后来又被和州防御使张公裕的水军打得大败。陆上的金兵主要是骑兵，在江南水乡作战十分不利。1130年3月，金兀术担心被宋军截断归路，决定沿大运河北撤。

但是，金兵此时

岳飞是南宋抗金名将，率领英勇善战的岳家军多次打败金兵，为巩固南宋政权立下了汗马功劳。后来以奸相秦桧为首的投降派杀害了岳飞，铸成千古奇冤。

梁红玉擂鼓战金兵

已经晚了。金兀术率金兵撤到镇江，迎面就碰上了南宋名将韩世忠的水军。两军激战，韩世忠夫人梁红玉亲自爬上高桅击鼓助战，宋军士气大振。

金兵船小，又不习水战，被韩世忠打了个落花流水，逼进了死港黄天荡，险些被生擒活捉。后来，因为有南宋奸细出谋划策，金兵才掘开老鹳河故道偷偷逃往建康。现在保留下来的京剧传统剧目《梁红玉擂鼓战金山》演唱的就是这个历史故事。

金兀术从黄天荡侥幸逃脱，退到建康后，又一次遭受到沉重打击，这次的对手是南宋抗金名将岳飞。

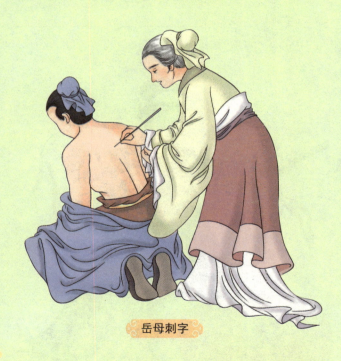

岳母刺字

岳飞（1103—1142年），字鹏举，河南汤阴人，从小志向远大，拜陕西周侗为师，那周侗文武双全，岳飞得到周侗真传，成为一代抗金名将。

岳飞出征前，他母亲亲手在儿子背上刺下了"精忠报国"四字，激励岳飞奋勇杀敌。这就是著名的"岳母刺字"的故事。

金兵到达静安镇，岳飞也率军赶到，立即向金兵发动了进攻；当地的抗金义军也投入了战斗。两面夹击，金兵大败，只有少数残兵败将侥幸逃脱。

中华
文明故事

《 主战派大败金兵 》

金兀术大军溃败之后，金国改变了进攻方向。南宋建炎四年（1130年）九月，金太宗派皇子宗辅和金兀术进攻陕西富平，打算先占据四川、陕西的险要关隘，然后再顺流而下占领江南。

陕西富平一战，金兵精锐之师以少胜众，攻入陕西，南宋形势一下子变得十分危急。

金兵夺取富平，兵锋直指战略要地和尚原。南宋守将吴玠深知和尚原是陕西入川的咽喉要道，决不能失守。于是，招集了数千富平战败后溃散的官兵，进行了周密的布置，并与众将歃血盟誓：死守和尚原，决不后退半步。

1131年10月，金兀术亲自率领数万人马攻打和尚原，被吴玠率领守军打得溃不成军，金兀术本人也身中两箭逃回了北方。

1135年2月，宋高宗赵构任命主战派大臣赵鼎、张浚为左右相。张浚随即召集刘光世、张俊、岳飞、韩世忠四路大军同时向金兵发起反击，宋军士气空前高涨，斩关夺隘，所向披靡。

《 金兀术再度南侵 》

南宋绍兴七年（1137年）在抗金形势一片大好的情况下，赵构任命被金人派回来的奸贼秦桧当了右相，并独揽了南宋的军政大权。金国在军事形势极为不利的情况下开始与南宋"议和"。南宋军停止了反攻。

金国利用"议和"的时间养精蓄锐、积极备战。1140年5月，经过休整的金兵，再次向南宋发动了大举进攻。

金兵四路大军齐出，不到一个月，就重新攻占了东京汴梁。南宋军民奋起抵抗，金国大将完颜杲在陕西凤翔被宋将吴璘打得溃不成军，金兀术的十万大军也被宋将刘琦打得大败而逃。

与此同时，岳飞也统率大军准备北伐。金国朝野震惊，准备从燕京向北迁都。

《 岳武穆兴兵北伐 》

1140年秋天，岳飞率领大军开始大举北伐。

岳飞派大将张宪、牛皋、王贵、杨再兴兵分四路攻打各军事要地，同时派太行山义军首领梁兴回河东、河北结集义军旧部攻取两河重镇，自己亲率主力大军直取中原。

在岳家军的强大攻势下，金兀术被迫亲率主力在河南郾城与岳飞决战。双方激战了一整天，金兵主力全线崩溃，金兀术率领残部狼狈逃窜，南宋军再一次取得重大胜利。

郾城大捷后，岳飞率大军攻占了朱仙镇，前锋已经到达了东京汴梁城郊。岳飞派人向宋高宗飞骑报捷，并高兴地告诉部下："打到金兵的老巢黄龙府，定与诸君痛饮。"

岳飞高兴得太早了，就在南宋军节节胜利、东京指日可下的时候，宋高宗和秦桧却给各路宋军下达了退兵的命令。

为了与金国议和，宋高宗一天之内连下十二道金牌调岳飞回师。君命难违，岳飞只好下令退兵。南宋丧失了收复中原的大好时机。

《 风波亭千古遗恨 》

南宋绍兴十一年（1141年）四月，岳飞班师回朝，不久就被剥夺了兵权，并以"谋反"的罪名连同他的儿子岳云、义子张宪一起被捕入狱。

同时被剥夺兵权的抗金名将韩世忠曾当面质问秦桧："凭什么说岳飞谋反？"

秦桧回答说："莫须有。"据传说，韩世忠当时气愤地说："'莫须有'三

岳飞吟《满江红》

字，何以服天下？"

1141年除夕，岳飞父子三人被宋高宗和秦桧下令缢死在风波亭上。岳飞死时年仅39岁，岳云年仅23岁，义子张宪也十分年轻。

岳飞死后，出现了一首署名岳飞的慷慨激昂的《满江红》：

"怒发冲冠，凭栏处，潇潇雨歇。抬望眼，仰天长啸，壮怀激烈。三十功名尘与土，八千里路云和月，莫等闲，白了少年头，空悲切。

靖康耻，犹未雪。臣子恨，何时灭！驾长车，踏破贺兰山缺。壮志饥餐胡虏肉，笑谈渴饮匈奴血，待从头，收拾旧山河，朝天阙。"

今天，人们在杭州西子湖畔的岳王坟，仍然可以看到岳飞正气凛然的雕像，雕像前跪着害死岳飞父子的秦桧夫妻。

虞允文大破金兵

虞允文一介书生，在国家危亡之际，挺身而出，率领南宋军民在长江之上大败金兵，创造了前所未有的辉煌战绩，并把自己锻炼成了一代名将。毛泽东主席题词称赞虞允文："伟哉虞公，千古一人。"

岳飞被害后，秦桧独揽了南宋的军政大权。此时，由于金国出现了内乱，无暇南顾，偏安一隅的南宋君臣又过上了纸醉金迷的腐朽生活。

南宋诗人林升曾做诗讥讽赵构君臣的昏庸无耻："山外青山楼外楼，西湖歌舞几时休。暖风熏得游人醉，直把杭州作汴州。"

然而，自毁长城注定会倒霉。没过多久，金国的大军就再次发动南侵，打破了南宋君臣的偏安美梦。

《 完颜亮大举南侵 》

南宋绍兴三十年（1160年），金主完颜亮在女真族、契丹族和中原地区的汉族人中征兵40多万，开始大举南侵。消息传来，宋高宗吓得手足无措，只好任命老将刘琦为元帅、王权为副元帅领兵迎敌。

王权还没到前线，就得到了金兵前锋抵达的消息，于是，连夜逃走了。刘琦年事已高，并身患重病，无法指挥作战。不久，金兵主力就攻占了长江北岸的重镇和州，金主完颜亮亲自督造战船，准备渡过长江一举灭南宋。

《 虞允文大破金兵 》

宋高宗本来想南下逃跑，因新任宰相陈康伯竭力劝阻，才留在了临安。危急关头，宋高宗任命中书舍人虞允文到江淮前线犒军。谁也没有想到，虞允文这个文弱书生，却在危急关头挺身而出，挽救了南宋江山。

虞允文到达采石矶江边时，金兵正准备渡江。这时，王权已经逃跑，而接替他的大将李显忠还没赶到。南宋军队没有主将，人心惶惶，秩序十分混乱。虞允文召集南宋军队将士，慷慨陈词，表示决心率领大家与金兵决一死战。

南宋军队将士见虞允文一介书生都敢上前线拼命，情绪十分激动，他们说："我们也

虞允文

是热血男儿，现在既然有您做主，我们都愿意与金兵拼死一战！"

有一个跟随虞允文一起前来犒军的官员悄悄地对虞允文说："朝廷是派您来犒军的，又不是要您真的督战。您何必冒这个风险呢？"

虞允文气愤地说："这是什么话！现在国家正在危难之际，我怎么能考虑自己个人的得失，逃避责任呢！"

虞允文虽然是个书生，没有指挥过打仗。但是，强烈的责任感使他鼓足了勇气。他先命令步兵、骑兵整好队伍，沿江布阵。又把江面的南宋军队战船分为五队：一队泊在江中，两队泊在东西两侧的岸边，另外两队掩藏在山后。

金兵本来以为防守大江的南宋军队早已经吓跑了，战船靠近南岸，却看到军容雄壮的南宋军队正在列阵以待，观战助威的民众也站满了江岸；金兵大惊失色，想退都来不及了，只能硬着头皮接战。

看到金兵开始登岸，虞允文命令南宋将领时俊率军出击，时俊挥舞双刀，带头冲向敌阵。将士们士气高涨，拼命冲杀。金兵自出兵以来，从没有遭到过像样的抵抗，现在突然碰到这么不要命的敌手，立刻就垮了下来。

江面上的南宋军队战船，也向金军的船只冲去。南宋水军是踏轮海鳅大船，又大又灵活，金军的船只相对较小，南宋军队大船奋勇冲击，像尖利的钢刀插进金军的船队。敌船纷纷被撞沉，金兵一大半落在水里淹死，只有一少半还在抵抗。

这时候，正好有一批从河南潢州逃回来的南宋兵经过采石矶。虞允文立即命令他们整好队伍，发给他们许多战鼓和军旗，命令这些败兵从山后摇动旗帜，敲响战鼓向江边逼进。

江上的金兵听到南岸鼓声震天，看到山后确实有无数旗帜在晃动，以为是南宋军队援兵杀到，纷纷开始逃命，南宋军队趁势猛攻。采石矶一战，金军遭到惨败。完颜亮气得暴跳如雷，传令众将第二天一定渡过长江，否则军法论处。

第二天早上，虞允文没有等金兵出动，亲自率领南宋水军抢先向对岸的金兵发起了进攻，金兵的战船刚刚出港，就遭到了南宋军队强弓硬弩的劲射，接着，又遭到南宋军队霹雳火炮的轰击，金国的战船几乎全部沉没。

就在完颜亮所率金兵遭到重创的时候，北方传来了金国内部发生政变的消息，完颜亮只得率军北撤。金兵南侵遭到彻底失败。

由于金人背弃盟约，投降派的主张彻底破产。虞允文在长江大破金兵后，宋高宗觉得自己这个皇帝再当下去也没什么意思了，于是，宣布退位，让他的养子赵昚继承了皇位，是为宋孝宗。

宋孝宗赵昚是南宋皇帝中少有的主战派，早在完颜亮南侵时就曾经上书要求担任破敌的先锋官。孝宗皇帝非常看重在采石矶大破金兵的虞允文，即位不久就加封虞允文为宰相、太子少保、四川宣抚使。

虞允文积草屯粮、训练士卒，准备出兵北伐。不幸的是，1174年，虞允文因病去世，宋孝宗失去了一位伟大的军事统帅，北伐只好推迟。

韩侂胄北伐捐躯

虞允文死后，主和派龚茂良执掌了南宋政权，并向宋孝宗推荐了朱熹。

朱熹是南宋理学大师，在宋高宗时曾经力主抗金，反对大奸贼秦桧的投降政策，并因此受到后人的称颂。张浚为宰相时，朱熹多次提出发兵收复失地的建议，并抨击投降派："夫沮国家恢复之大计者，讲和之说也；坏边陲备御之常规者，讲和之说也……"

但是，谁也没想到，这位一贯力主抗金的理学大儒，在晚年改变了力主抗金的初衷。

这时的朱熹因埋头理学研究，错误地认为威胁南宋政权的不是金兵的入侵，而是贫苦农民的反抗和起义。

朱熹一面宣扬"存天理、灭人欲"的理学观念，一面开始与主战派唱反调。在金国大兵压境的形势下竟然提出了"中原之戎虏易逐，而一己之私意难除"的迂腐之论。于是，主和派占了上风。

1190年，已经63岁的宋孝宗赵昚因为朝中的文武百官都力主议和，而自己又实在不愿意向金国屈膝，于是，就把皇帝的位子传给了儿子赵惇，是为宋光宗。

韩侂胄

《 韩侂胄禁止理学 》

1194年，宋孝宗病死。光宗也被赶下了台。光宗的儿子赵扩在宗室赵汝愚和外戚韩侂胄的支持下登上了皇位，是为宋宁宗。

韩侂胄的曾祖就是对西夏作战时的名将韩琦。韩侂胄颇有几分祖上的遗风，由于他力主抗金，很快就得到了朝中主战派的全力支持。

这时候，南宋朝中的官员分成了两派：以赵汝愚、朱熹为首的一派主和；以韩侂胄为首的一派主战。由于宋宁宗对朱熹本来就反感，因此，当以朱熹为首的主和派官员弹劾韩侂胄时，宋宁宗

中华文明故事

对朱熹进行了严厉的斥责，并把朱熹和力保朱熹的宰相赵汝愚都逐出了朝廷。

1196年，宋宁宗加封韩侂胄"开府仪同三司"，并任命主战派官员京镗当了右相。至此，主战派终于执掌了南宋的朝政。

主战派君臣对在国家危亡情况下还大谈"正心术、立纲纪"的理学家们进行了严厉的排斥和打击。1196年，宋宁宗下诏：凡与伪学有牵连者不准入朝为官。1197年，宋宁宗再次下诏，将赵汝愚、朱熹等人和他们的同情者都列入了"逆党"。1200年，大儒朱熹去世，为此，他的一些弟子与主战派结下了深仇。

然而，理学人士并非全部主和，也有许多杰出人物不仅主战，而且确实有真才实学。因此，韩侂胄为了网罗北伐抗金的人才，很快就放开了理学之禁。许多理学人士也加入了主战派的行列。

《 贬秦桧追封岳飞 》

宋孝宗时，南宋已经开始为岳飞恢复名誉。

韩侂胄把投降派赶下台以后，秦桧的罪恶全部被揭露了出来。

在韩侂胄的主持下，南宋朝廷对含冤而死的抗金名将岳飞给予了很高的评价，并追封岳飞为"鄂王"；接着，又削去了秦桧的封爵，贬为"缪丑"。今天，我们在杭州西子湖畔所看到的岳飞墓就是在韩侂胄的主持下修建的。

南宋开禧元年（1205年），宋宁宗加封韩侂胄"平章军国事"，掌握了南宋全部军政大权。韩侂胄一面筹集军资军粮，一面调兵遣将准备大举北伐。这年，宋军在韩侂胄的策划下曾经两次出兵，均获小胜，抗金形势一片大好。同年五月，韩侂胄上表，请宋宁宗下诏正式出兵北伐。

因为韩侂胄北伐发生在南宋开禧元年，所以，历史上称为"开禧北伐"。

这次北伐在政治上、舆论上和后勤上都准备得相当充足。但是，存在一个最致命的问题：南宋军中缺乏岳飞、韩世忠、虞允文那样忠心报国、智勇双全的统兵大将。个别能征惯战的将领如辛弃疾等人都已年过花甲，不能再领兵冲锋陷阵了。更可怕的是，南宋军中的重要将领暗中通敌。

韩侂胄北伐

1205年底，在西线任要职的四川宣抚副使吴曦暗中叛变投敌，接受了金国的金印和诏书。

由于吴曦成为金国内奸拒不出兵，金兵得以在东线集中优势兵力抵抗南宋的北伐大军。因此，南宋军队先胜后败，金兵乘胜反击，渡过淮河占据了湖北、安徽、江苏的多处重镇。

1106年，金兵在南宋军民的顽强抗击之下损失惨重，多员大将被杀死，已经无力再战了。但是，东线主将丘崈是投降派的官员，这个败类在危急关头停止了作战，并暗中勾结金兵。

由于西路军将领吴曦叛变投敌，东路军将领丘崈勾结金兵，韩侂胄精心策划的北伐大业被彻底断送了。

《 韩丞相惨遭杀害 》

虽然战场失利，但是，韩侂胄立志北伐抗金、收复大好河山的雄心并没有改变，这位抗金名相还想着重整旗鼓再度北伐呢！

1207年，在韩侂胄的建议之下，宋宁宗下诏任命力主北伐的老将辛弃疾为枢密院都承旨，负责全部军事指挥。可惜的是，任命下达时辛弃疾已重病在身，接到诏书后还没来得及赴任就去世了。

兵败后的韩侂胄

韩侂胄与辛弃疾

雄心依旧，竭力筹备再次北伐，但是，投降派的官员们却再也不给他出兵的机会了；比岳飞还要悲惨的下场正等待着这位力主抗金的统帅。1207年11月，投降派史弥远等人用下三烂的手段密谋杀害了韩侂胄。

韩侂胄死后，史弥远不仅加封已经死去的朱熹为朱文正公，还给害死岳飞的大卖国贼秦桧平了反、恢复了他的王爵。

1208年，宋、金再次议和，南宋重新向金国称臣。无耻的投降派竟然按照金国提出的无理要求，斩下了北伐统帅韩侂胄的人头，派使臣送到了金国的首府。

当时就有太学生写诗讥讽这群无耻的投降派："自古和戎有大权，未闻函首可安边。生灵肝脑空涂地，祖父冤仇共戴天。"

韩侂胄死后，投降派重新执掌了南宋的军政大权。不久，宋宁宗病死，宋理宗赵昀即位，史弥远独揽大权，并开始对主战派进行全面迫害。

主战派宰相陈自强被罢去相位。邓友龙、郭倪和张岩等主战派官员全部被逐出了朝廷。爱国诗人陆游因为支持韩侂胄北伐被污蔑为"晚节不忠"，连已经去世的辛弃疾都被定了罪，剥夺了死后的封爵。

投降派连曾被韩侂胄列入理学"党人"名单的叶适也没放过。叶适虽然在韩侂胄掌权初期受到过迫害，但是，在理学开禁后又重新担任了兵部侍郎（相当于国防部副部长），并积极支持韩侂胄北伐，所以也被投降派罢了官。投降派对叶适的迫害，也成就了叶适，使他离开官场，精研学问，最终成为南宋最重要的学者和思想家。

《 韩丞相千古奇冤 》

虽然投降派诋毁韩侂胄，但是，他不顾自身安危，力主恢复中原的高尚品格却赢得了对手金国的尊敬。

中华文明故事

据《齐东野语》记载：韩侂胄的首级送到金国后，被以礼安葬，并谥为

祭韩丞相诗

仰慕岳武穆，志在复中原；斥责投降派，贬损秦权奸。

惜哉乏大将，疆场欠功勋；以身殉伟业，无愧韩琦孙。

"忠缪侯"。金国皇帝曾经邀南宋使者一起观看"忠缪侯墓"，并解释说"忠缪侯"的意思是"忠于为国，缪于为身"，也就是说，韩侂胄只顾忠于国家，忘记了善待自己。

韩侂胄死后，偏安一隅的南宋小朝廷又苟延残喘了一阵子。最终，被北方大草原上崛起的游牧民族——蒙古族所灭亡。

宋朝从960年"陈桥兵变"立国，到1277年灭亡，前后经历了300多年。尽管在这300年间始终战乱不断，但是，由于两宋非常重视商业和海外贸易，人们享有普遍的思想自由，因此这300多年间，在哲学思想、科学技术、文学艺术、书法绘画及丝绸、陶瓷、造纸、造船、冶金、航海等领域都取得了无比辉煌的成就，再一次把中华文明推向了世界的巅峰。

绘画艺术美绝伦
书法艺术新天地
两宋文坛群星灿
名贵瓷器佳世界
精美建筑耀中华
四大发明传海外
地学生物开奇葩
天文物理谱新篇
远洋商路通四海
武穆韩公忠魂舞
宋王朝逐鹿中原

远洋商路通四海

春秋战国时期，由于奴隶制的灭亡和封建社会的建立，中华古文明出现了第一个飞速发展的高峰期。魏晋南北朝，由于汉代谶纬神学的破产和普遍的思想解放，中华古文明出现了第二个飞速发展的高峰期。

宋朝时期，中华古文明进入了飞速发展的第三个高峰期。在这个历史时期，中国古代的科学技术再一次达到了世界的巅峰。

为什么在战争频繁的两宋时期，中华古文明再次取得如此灿烂辉煌的成果呢？除了人们仍然享有普遍的思想自由之外，还有另一个重要原因是两宋时期繁荣的商业经济与发达的海外贸易推动了整个社会的文明进程。

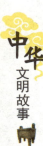

中华文明故事

第一，两宋时期，商业政策宽松。北宋以前，历代王朝执行的都是秦商鞅 "重农抑商" 的政策，两宋时期，商业贸易得到了官方的重视。

第二，两宋时期，造船技术发达。宋代海船吨位巨大，安全舒适，在全世界享有盛誉，为海外贸易的发展和经济文化交流提供了重要保障。

商业中心的形成

宋代城市经济的繁荣和海外贸易的发展首先得益于官方商业政策的变化。

北宋以前，商人的社会地位非常低下。当时，社会各阶层的排位顺序是：士、农、工、商。商人是排在最后的，社会地位远不如手工业者和农民，与读书人相比就更加低下了。

汉魏以来，几乎所有的朝代都限制商人和商人子弟入朝当官，隋唐时期，不允许商人子弟参加科举考试。所以，尽管商人在经济上可能很富有，但是，社会地位却十分低下，被人看不起。

自从商鞅变法，施行全民耕战，成功地吞并六国后，历代王朝都奉行秦国"重农抑商"的政策，商人的社会地位始终十分低下，直到两宋时期，才发生根本的转变。

《 商人地位提高 》

北宋建立以后，朝廷把商业提高到了重要位置，官方不再歧视商人，而且开始颁布各项政策保护商人的利益，禁止官吏对商人横征暴敛。

北宋商业政策的改变和商人地位的提高，促进了丝织业、制瓷业、造纸业、印刷业、金银器和玉器加工等行业的飞速发展，为市场提供了品种繁多、数量巨大的商品。

由于商业日益繁荣，北宋的市场也发生了重要变化，废除了唐代面向宫廷的官方市场，形成了新的、面向市民阶层的庞大商品市场。于是，许多商人把生意做到了海外。

【 商业中心的出现 】

两宋时期，由于商人的地位提高了，商业市场逐渐繁荣起来，在全国形成了多处规模宏大的城市商业中心。

这些商业中心，从城镇向外辐射，通过四通八达的水运通道和陆路通道连接成了全国性的、发达的商业网络。先进的造船技术和航海技术更是导致了通往世界各地的"海上丝绸之路"的空前繁荣。

【 北方商业中心 】

北方商品市场的中心是北宋的都城——东京汴梁。

东京汴梁（开封）是北宋王朝的政治中心，城中有庞大的皇家宫廷，有十多万禁军和上百万城市居民。需要大量的粮食、布帛、农具、马匹、铁器、瓷器、文房四宝等物资。因此，早在北宋初期就形成了以汴梁为中心的、全国最大的商品市场。

由于汴梁在中原地区，各地的物资都要通过汴河、黄河、长江等水路运到京师，不仅促进了周边地区的经济发展，而且促进了东南地区和川蜀地区造船业、航运业的繁荣。在张择端的名画《清明上河图》中，我们可以清晰地看到汴河两岸商业贸易的繁忙景象。

中华
文明
故事

〖 东南商业中心 〗

两宋时期，东南沿海的苏州、扬州、杭州、泉州等城市商业也很发达。

尤其南宋在东南立国以后，江南的农业和手工业已经跃居全国之冠。这里生产的丝绸、瓷器、茶叶、粮食、海盐、纸张、金属制品和金银玉器在数量上和质量上都很快超越了中原地区。

商业贸易的发达还导致苏州、杭州、扬州、泉州等沿海城市相继成为重要的海外通商口岸，整个东南沿海成了全国经济最发达的商业中心。

〖 川蜀商业中心 〗

两宋时期，除了以汴京为中心的商业市场和东南沿海的商业市场以外，地处西南的川蜀市场也非常活跃。

川蜀市场以成都为中心，虽然受到地理条件的限制，商业贸易存在一定风险；但是，由于四川古称"天府之国"，物产非常丰富，因此这个地区的商业活动也十分活跃。

两宋时期，不仅连接川藏、滇藏的"茶马古道"空前繁荣，连世界上最早的纸币"交子"都是在川蜀市场上最先出现的。

世界最早的纸币

尽管在春秋战国时期，金属货币的使用就已经相当普遍了。但是，由于汉唐时期"重农抑商"政策的推行，金属货币的使用逐渐衰落下来。

唐代虽然铜钱还在流通，但是"以物易物"却成为商品交换的主流，这是中国古代经济史上的一次大倒退。

直到两宋时期，由于商业贸易的繁荣，不仅铜钱的发行量达到了唐朝的十倍，而且出现了世界上最早的纸币——交子。

《 金属货币的发行 》

北宋年间，由于商业十分繁荣，唐代落后的"以物易物"的交换方式开始被废弃，金属货币的地位重新得到恢复。

北宋太平通宝

北宋货币以铜钱为主。为了适应商业的飞速发展，北宋初年开始大量铸造铜钱。从宋太宗太平兴国年间（976—983年）铸造"太平通宝"开始，以后每改一个年号都要铸造新钱。

由于商业发达，铜钱的铸造量不断增加。宋太宗年间，每年铸铜钱大约80万贯，宋真宗时增加到125万贯，宋仁宗时达300万贯；宋神宗元丰年间，朝廷铸造的铜钱甚至多达500多万贯，是盛唐时期的十倍。

由此可见，北宋的商业贸易确实是中国古代最繁荣的时期。

《 北宋时期的钱荒 》

由于物资丰富、商业贸易发达，北宋朝廷虽然铸造了大量铜钱，仍然不能满足社会的需求，甚至时常发生"钱荒"。

北宋产生钱荒的原因有三个：

中华文明故事

第一，大量铜钱被富裕人家贮藏起来（相当于今天流行的货币收藏），退出了流通领域，形成巨大的货币沉淀。

第二，大量铜钱流失到了海外，有去无还。南宋理宗时，日本官方曾经一次就从中国运走铜钱十多万贯。

第三，大量的铜钱被熔化后铸造成为日常生活中使用的铜制器皿。

两宋时期，铜钱质量上乘，铜币的实用价值远远超过了面值，据李焘的《续资治通鉴》记载：两宋时期把铜钱熔化后制成器皿，可以获利五倍。所以，熔化铜钱铸造铜器的现象非常普遍。

因为出现"钱荒"，官方开始铸造铁钱。但是，铁钱分量太重，使用起来很不方便：买十贯钱的商品，就要背六十斤铁钱；买百贯钱的商品，就要背六百斤铁

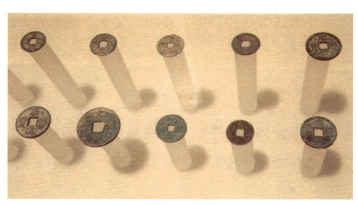

北宋铁钱

钱。两臂没有千斤之力，无论买东西、卖东西都很困难。于是，就出现了世界上最早的纸币——可以兑换金属货币的"交子"。

【 世界最早的纸币 】

因为铁钱太重，川蜀的商路又十分难行，为此，北宋真宗年间，四川成都的16户富商联合起来发行了一种信用交换券，取名为"交子"。

在交易中，人们可以很方便地用"交子"兑换铁钱，每贯钱只需要扣除30文利息，作为"交子"的发行费用。

"交子"虽然只是一张纸，却可以作为货币使用，携带十分方便。

于是，私人商户之间使用的"交子"很快就演变成了官方发行的法定货币。

宋仁宗天圣元年（1023年）北宋朝廷开始正式设置益州（即成都）交子事务。从此，"交子"就成了川陕官方发行的法定货币。川陕交子以铁钱为本位，面额从1贯至10贯，共10种；每两年一届，每一届发行量都在百万贯以上，准备金高达36万贯。

北宋官方在1023年发行的"交子"是世界上最早的纸币。

造船与航海技术

两宋时期，由于商品数量激增，商业活动和海外贸易的规模越来越大，直接推动了造船技术和航海事业的飞速发展。

两宋以前的航海

两宋以前，由于历代王朝普遍施行"重农抑商"的国策，所以，海外贸易和航海技术都远远比不上两宋时期的发达。

盛唐时期，虽然已经建立了"海上丝绸之路"，但是由于唐朝对商业并不十分重视，所以，海外贸易的规模也与两宋相差很远。

大唐300年间，虽然日本往中国派送"遣唐使"达20多次，平均每次180多人，总人数有3600多人。但是，实际算下来平均每十五年也只有一次，与两宋时期的商业航行次数相比，相差就太远了。

由于两宋以前的航海技术相对落后，适合航海的船舶也比较少，出海航行相当危险。当年，唐代高僧鉴真前往日本传播佛教，先后五次渡

中华
文明故事

海都没能成功，第六次才冒着生命危险到达日本。

鉴真东渡日本的海路，与两宋时期商船在太平洋、大西洋上的遥远航程相比，只不过是刚刚出了国门，实在微不足道。

北宋的造船技术

北宋时期的造船技术非常发达。东京汴梁、温州、明州等地都有规模巨大的造船场，每年制造的商船达上千艘，而且能够制造吨位巨大的航海船舶。

北宋宣和年间，民间的航海大船是当时世界上最先进的海船。这种船舶不仅可以安全地渡过大海，还可以装运上百吨的货物。

北宋海船的正向剖面图大都是V字形，上面是平的，下面是尖底，可以轻松地在大海上航行。船上还配备了指南针和先进的风帆，只要不是顶头风，无论海风从哪个方向吹来，都可以调整风帆，利用风力航行。船上还备有巨大的橹，在没有风的时候还可以摇橹行船。

北宋官方的航海大船比民用航海大船还要先进得多，北宋宣和年间，使节徐兢出使高丽时所乘座的"神舟"甚至超过这种民间海船三倍以上，是当时世界上排水量最大、最安全的巨型海船。

南宋的造船技术

南宋的海船吨位更大，不仅可以搭载500～600名航海人员，还可以装载200～300吨以上的货物。世界造船史上最重要的发明——"水密隔舱"技术就是南宋高级工匠在制造海船时发明的。

所谓"水密隔舱"，就是把海船吃水线以下的舱室相互密封隔离开，如果在海上发生触礁等意外事故，尽管部分舱室被损坏，其他船舱不会进水，仍然可以在海上继续航行。

由于南宋海船大部分都采用了当时世界上最先进的水密隔舱技术，所以，很快就把海上贸易的航线从太平洋扩展到了印度洋上。

《 两宋的航海线路 》

北宋时期，由于西北边境战乱频繁，通往西域各国的"丝绸之路"变得很不通畅，北宋政权的对外贸易只能走海路了。因此，北宋初年就设置了专门的"市舶司"，依靠海外贸易增加政府的收入。

在官方的支持下，广州、泉州和宁波很快成为北宋年间三个最大的海上贸易港口。尽管当时的造船和航海技术还没有达到南宋的先进水平，然而，巨额的海上贸易税收已经成为北宋政权的重要经济来源。

北宋灭亡，中原沦陷。南宋小朝廷既要向金国"进贡"金银和丝绸，又要支付军队和宫廷的庞大开销，因此，更加依赖海外贸易的收入。前不久，打捞上来的著名的"南海一号"沉船，就是南宋时期进行海外贸易的大型商船。

"南海一号"沉船

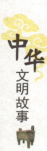

由于造船与航海技术的飞速发展，南宋海外贸易的规模远远超过了北宋，巨额的贸易税收很快就成了南宋政权重要的经济支柱。

每年初冬的十一月至十二月间，南宋远航的商船就乘着西北季风从广州、泉州、宁波等地出发，穿过南中国海，经过一个多月的航行，抵达今天印尼北部的苏门答腊岛。

商人们在苏门答腊岛上岸越冬，并且在当地进行各种商业贸易活动。

第二年初冬，船队再从印尼的苏门答腊岛起锚，乘东北季风继续向西南方向航行，再用两个多月的时间横渡印度洋，才能到达远航的目的地——波斯湾沿岸的阿拉伯国家。

南宋商人在波斯湾沿岸卖出阿拉伯人需要的各种中国货物，买入南宋需要的阿拉伯特产。然后，船队再乘着夏天印度洋上的西南季风返航。

这些南宋商船通常要经过半年的航行才能返回家中。

为了利用季风，南宋商人前往波斯湾的远洋贸易往返一次需要近两年的时间，而且还存在着一定的风险。但是，由于远航的经济效益相当高，确实能赚到很多钱，再加上有高超的航海技术和经得起海上风浪的航海大船，因此，南宋的商人们还是很喜欢在大海上奔波往返。

两宋的海上贸易

北宋时期，海外贸易的规模远远超过了唐代。北宋通过海上出口到海外的货物主要是瓷器、丝绸、茶叶、药材、书籍、绘画和各种金属制品，其中瓷器的出口量最大。北宋从海外进口的货物主要是香料、犀牛角、象牙、珍珠等供宫廷显贵们使用的奢侈品。

由于宋代的瓷器深受海外各国人民的喜爱，每年都有大宗的瓷器远销东南亚和阿拉伯各国。

瓷器的出口，极大地刺激了制瓷工艺的迅速发展，造就了至今享誉海内外的宋代精美绝伦的瓷器。

为了对海外贸易进行有效的管理，北宋开宝四年（971年），官方先在广州设置了市舶司，负责管理海外贸易事务。以后，又陆续在杭州、明州、泉州、密州、秀州设置了市舶司。

两宋时期的市舶司相当于现在的海关，权力很大。国内的商船出海，必须向市舶司申请、具保才能放行。外国商船到达中国港口后，市舶司派官员同样要上船检查，并征收所带货物的十分之一作为进口税。

两宋时期，与中国通商的亚非国家有五十多个。其中日本、高丽、交趾、占城、真腊（柬埔寨）、蒲甘（缅甸）、勃泥（加里曼丹北部）、三佛齐（苏门答腊岛东南部）及大食等国与两宋往来最为频繁。

南宋发展海外贸易的条件更加优越，因此，南宋的海外贸易比北宋时期还要发达得多。其中，广州和泉州两地的海外商业贸易最繁荣，仅

南宋航海大船

这两个港口城市，从事海上贸易的商人就多达十几万人。

两宋时期，在比较重要的沿海港口，还长期居住着来自日本、高丽、东南亚和阿拉伯国家的外国商人。他们的到来，不仅促进了两宋时期海外商业贸易的繁荣，同时也加强了中华民族和海外各国的文化交流。

〖 与高丽的海上贸易 〗

两宋时期，与高丽的海上贸易非常繁荣。北宋建立后，两国关系密切。高丽国王多次向北宋皇帝馈赠良马、兵器、弓矢、金器、铜器、药材和人参等，并派遣留学生来中国学习文化和技术。

北宋也多次向高丽赠送礼服、乐器、银器、漆器、锦、绢、茶、酒、象牙及钱币等物，并派太医到高丽传授医术。两国间的贸易也相当频繁。

宣和五年（1123年）北宋使臣徐兢出使高丽，受到高丽政府的隆重接待。徐兢回国后，根据自己的经历和访问中的见闻，写成了著名的《宣和奉使高丽图经》，对研究两国关系史具有重要意义。

两宋时期，每到春末夏初，山东、江浙和福建沿海的港口便挤满了高丽国的商船；而在夏秋之间的南风季节，在两宋通往高丽的航道上，同样行驶着大批从两宋各港口开来的商船。

〖 与日本的海上贸易 〗

两宋时期，中日交往相当密切，明州（今宁波）是双方航海贸易的门户。

宋代从日本输入的货物主要是木材、黄金、硫黄、水银和各种手工艺品。在日本制造的手工艺品中，宝刀和纸扇最负盛名，深受宋朝士大夫的喜爱。而黄金的大量输入，更是有力地促进了中国商品经济的发展。

从宋朝输住日本的货物主要是瓷器、丝绸、香料、书籍、文房四宝和数量巨大的铜钱。尤其是中国古代的书籍，传入日本的相当多，不仅加强了两国的文化交流，而且对日本也产生了重要影响。

日本名僧荣西，两次渡海来到宋，他不仅把佛教禅宗传回了日本，而且把中国的茶种也带回了日本。荣西回国后，撰写了著名的《吃茶养生记》，详细介绍了中国历史悠久的茶文化，形成了今天日本的"茶道"。

《 两宋与西亚、非洲的海上贸易 》

南宋时期，中国与地处西亚的阿拉伯国家往来十分密切。南宋的商船经常远航波斯湾沿岸，运去大量的丝织品、瓷器和纸张。南宋的广州、泉州、宁波是阿拉伯商人频繁往来的商业港口，他们贩运香料、药材、犀牛角和珠宝到中国来，然后大量收购丝绸、瓷器等商品运回西亚。

两宋时期，中国和非洲东海岸的国家也有着密切的商业往来和文化交流。国外考古学家在东非海岸的许多国家，如摩加迪沙、坦桑尼亚等地都发现了宋代钱币、宋代瓷器和瓷器的碎片。这些都是两宋时期中国和非洲国家友好交往的历史见证。

南宋时期，在广州、泉州都居住着许多通过海路来到中国的阿拉伯富商。他们在进行商业贸易的同时，把阿拉伯文化，如天文、历法、医学介绍到了中国。

同时，这些阿拉伯富商也把中国的传统文化经阿拉伯传播到了西方。中国古代的四大发明指南针、造纸术、火药和活字印刷术就是通过

中华
文明故事

阿拉伯商人传播到西方的。

中国古代的炼丹术也是在这个时候被阿拉伯商人带回家乡，又传播到西方的。阿拉伯语"炼金术"一词的发音就是地地道道从泉州"进口"的"金液"的发音。可以毫不夸张地说，两宋时期的海上贸易对全世界的文明进程都产生了十分重大的影响。

绘画艺术美绝伦
书法艺术新天地
两宋文坛群星灿
名贵瓷器估世界
精美建筑四大发明
地学生物
天文物理谱新篇
远洋商路通四海
武穆韩公忠魂舞
宋王朝逐鹿中原

世界著名科学史家李约瑟博士早在上个世纪的前半叶就已经明确地指出：中国"在公元 3 世纪到公元 13 世纪之间保持着一个西方所望尘莫及的科学知识水平"。

在中国科学技术领先世界的上千年历史时期内，两宋时期恰恰是最辉煌的顶峰。

首先，两宋时期，人们享有普遍的思想自由，百花齐放、百家争鸣的哲学思想和文学艺术为自然科学的飞速发展奠定了思想基础。

其次，两宋时期，改变了历代王朝"重农抑商"的治国方略，推动了商业和海外贸易的飞速发展，经济文化交流为自然科学的飞速发展奠定了物质基础。

再次，两宋时期，应用技术的进步、四大发明的广泛应用，为自然科学的创新提供了重要的技术手段。

中华文明故事

天文学开放奇葩

两宋时期，涌现出了多位科技大师，他们在天文、地理、生物、声学、光学、磁学和应用技术领域取得了非凡的成就，占据了当时世界科学的前沿。

两宋时期，天文学在人才培养、天文观测、仪器制造三个方面都取得了辉煌的成果，为中国在13世纪以前始终居于世界科学前沿奠定了重要的学术基础。

《 培养天文人才 》

北宋是个很"务实"的朝代，官方非常重视天文学人才的培养。1104年，北宋设立了专门的"天文算学科"，允许朝廷官员和平民百姓报考。学生主要学习与天文历法相关的《九章算术》《周髀算经》等古代天文算学。

北宋初年，为了培养天文学方面的人才，官方甚至规定：在司天监应试的人，只要精通天文算学，可以不受名额限制。这使得许多一流的人才在天文学界脱颖而出。

由于董仲舒"君权神授"观念的影响，从西汉开始，历代王朝都禁止民间私自研究天文学。宋代以前，官方对私自研究天文历法的学者都采取最残忍的手段——杀无赦。

为了选拔天文学人才，北宋对私自研究天文学的人才采取了非常宽松的政策。977年，宋太宗赵光义亲自下令让351名民间研究天文历法的人参加司天监的考试，从中选拔出了68名有真才实学的留在司天台工作，对天文历法作出重要贡献的张思训和韩显符就是从中选拔出来的。

《 改进天文仪器 》

两宋时期，天文观测仪器出现了重大改进，天文学家们在前人的基础上研制出了更加先进的天文仪器，把天文观测提高到了一个前所未有的高度。

浑仪的改进

两宋时期，在天文仪器制作方面取得的第一项重大突破就是对浑仪的改进。

沈括是北宋的重要学者，他在担任司天监时，对传统浑仪做了重大的改进，取消了影响天文观测的月道环，对黄道环和赤道环的位置也做了改动，大大提高了浑仪的观测精确度。沈括对浑仪的改进为元代天文学家郭守敬制作更加先进的简仪奠定了重要基础。

两宋时期，官方先后制造过5架大型浑仪，每一架用铜都在万斤以上，规模巨大、制作精巧，为提高天文观测的精确度提供了重要的技术支持。

浑象的制作

汉代科学家张衡制作的水运浑象可以准确演示太阳、月亮和周天群星的运行，是中国古代科学仪器方面的一项重大发明。

北宋时期，来自民间的天文学家张思训被选入司天监。979年张思训在张衡"水运浑象"的基础上制造了一座大型浑象——"水运浑天"。

张思训制作的 "水运浑天"与汉代张衡制作的水运浑象一样巧妙，不仅能演示日月星辰的运行，还能准确地报时呢！

据古籍记载：这座"水运浑天"装有12个小木人，每到相应的时辰，小木人就会手持时辰牌，走出来摇铃、击鼓、打钟报出相应的时辰。

水运仪象台

北宋年间，把"水运浑天"制作推向最高峰的是苏颂和韩公廉。1092年，苏颂和韩公廉主持制成了中国古代最精妙的天文仪器——水运仪象台。

这架水运仪象台由浑仪、浑象和报时装置三部分组成，是世界上第一座把天文观测、天文报时和模拟天象运行紧密结合在一起的天文学仪器。

水运仪象台最下面部分是报时装置——天文钟，可以准确地报出相应的时辰。中间部分是一座水运浑象，在漏壶流水的推动下可以准确地模拟日月星辰的运行。最上面是一架当时世界上最先进的浑仪，这架浑仪不仅具备了现代天文台的主要功能，还有可以开闭的活动屋顶呢！

【 组织天文观测 】

两宋时期，由于天文仪器制作得精密、准确，所以在天文观测方面取得了前所未有的重大发现。

1010—1106年，北宋官方先后组织了五次大规模天文观测，其中韩显符的弟子杨惟德主持的第二次天文观测和黄裳主持的第四次天文观测成就最突出，在世界天文学史上具有非常重要的意义。

新星和超新星

北宋景祐元年（1034年），杨惟德主持编撰《景祐乾象新书》。为了保证周天星宿的准确位置，杨惟德主持了一次大规模的天文观测。在这次天文观测中，有两项成果最突出：

第一，重新测定了二十八宿的准确位置，为绘制更准确的全天星图提供了重要依据。

第二，在观测中，杨惟德发现并记录了新的天文现象——"新星"

和"超新星"爆发。

两宋时期的"新星"和"超新星"都被称为"客星"。

这是因为"新星"和"超新星"在一般情况下亮度不够，用肉眼是看不见的，只有当它们发生"爆发"的时候，才会发出非常明亮的光，才能被天文学家观测到。所以，中国古代的天文学家形象地称它们为"客星"。

杨惟德在《景祐乾象新书》中对"新星"和"超新星"爆发的记载是我国古代恒星观测的重大成就，也是世界天文学史上关于"新星"和"超新星"爆发的最宝贵史料。

测绘周天星图

在两宋时期进行的五次大规模天文观测中，最重要的成果是在黄裳主持下通过实际观测制作的周天星图。

周天星图是对整个星空的描述。1078—1085年，黄裳主持了北宋第四次大规模天文观测。尽管黄裳的天文观测成果大部分都散佚了，但是，他根据实际观测结果绘制的精美的周天星图却奇迹般地保存了下来。

这次天文观测结束后，黄裳把制作精美的周天星图送给了皇子赵扩，赵扩就把它珍藏了起来。这张星图就是中国天文学史上著名的"黄裳原图"。

由于赵扩深深地知道这张精心绘制的天文星图意义重大，因此"靖康之变"后，赵扩把这张珍贵的星图带到了江南。由于宋元时期的兵火战乱，这张周天星图很快就下落不明了，但是，根据史料的记载，学者们都知道有过这样一张重要的全天星图。

周天星图石刻

大约从13世纪中叶开始，在江南风景如画的历史名城——苏州的文

庙门口竖起了一块石碑。随着南宋灭亡和元明交替，好几百年过去了，没有人注意过苏州文庙门口的这块石碑。

直到很晚，人们才了解到这块石碑重要的科学价值。

苏州文庙门口这块石碑高8尺，宽3尺5寸，上面是周天星图，还清晰地刻着黄道、赤道和天上的银河呢！下面是相关的文字说明。根据星图上恒星的数量和文字，人们认识到这块石碑上刻的就是1075—1085年的天文观测数据，就是那张著名的"黄裳原图"。

这块古老的石刻天文星图上刻着1430多颗恒星，远远超过了同时期西方天文学家观测到的恒星数量，是当时世界上最精美、最准确的周天星图。欧洲天文学家在文艺复兴之前只观测到了1022颗恒星，只有"黄裳原图"上恒星数量的三分之二，而且在时间上还晚了200多年。

这幅珍贵的周天星图不仅反映了两宋时期先进的天文观测水平，而且为现代天文学研究提供了珍贵的史料。因此，这块天文图像原碑不仅是非常珍贵的历史文物，而且是中国乃至世界天文学界的珍宝！

沈括的天文学成果

两宋时期，中华古文明取得了前所未有的辉煌成就，在自然科学领域再一次达到了世界巅峰。

沈括（1030—1095年），字存中，浙江杭州人。沈括的父亲是北宋的官员，在四川、福建、河南和江苏等地都做过官。俗话说："读万卷书，不如行万里路。"沈括从小就聪明好学，又随父亲到过许多地方，

沈括是北宋最伟大的科学家，他在天文、地理、声学、光学、电磁学以及音乐、医药等许多方面都有重大发现，被世界科学界誉为"东方的牛顿"。

"东方的牛顿"——沈括

因此学到了许多书本上学不到的东西。

沈括也当了多年朝廷官员，晚年退职后隐居在梦溪园著书立说。他撰写的《梦溪笔谈》是中国古代最重要的科学著作，这部书对数学、天文、地学、生物以及光学、声学等科学领域都进行了深入的探讨。

沈括的天文学成果

沈括在担任司天监期间，利用改进后的浑仪进行了多次精确的天文观测，取得了好几项世界一流的天文观测成果。

对北极星的观测

沈括最重要的贡献是对北极点位置的精确测定，他也是世界上第一个认识到北极星实际上并不在北极点的天文学家。

北宋熙宁五年（1072年），沈括主持司天监的工作。沈括在天文观测中发现了一个奇怪的现象：北极星居然会移动。于是，他在每天的前半夜、半夜、后半夜分三次对北极星进行仔细观测，并且把它在天空中位置变化的实际情况用星图详细地绘制了下来。

沈括紧张地工作了三个多月，画了200多张北极点附近的星空图。最后，他终于计算出了北极星的实际位置：北极星并不在北极点上，而是离开北极还有一度多。

沈括在《梦溪笔谈》中把他对北极星的观测结果详细地记录了下来，他的记载具有非常重要的科学价值。

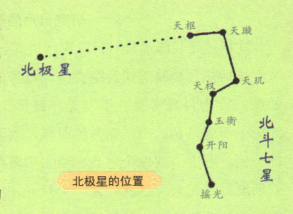
北极星的位置

制定新的历法

沈括还以天文观测为依据，提出了废止阴历，改用阳历的主张。

沈括很早就发现，中国古代的传统历法——"阴历"存在重大缺陷：阴历是按照月亮运行的周期制定的。月亮每隔29天多一点与太阳"相会"一次；那多出来的部分积累起来，就会越来越长，于是二十四个节气与月亮的"朔望"就逐渐不一致了。人们只好加一个闰月。

这样一来，阴历的日期与二十四个节气就对不上号了。今天我们知道：按照公历（阳历）清明节总是在四月五号左右，误差很小。如果按照农历（阴历）就不行了，清明有时在二月，有时在三月，所以中国自古就有"二月里清明花开罢，三月里清明花不开"的说法。

这样一来，就出现了一个奇怪的现象：中国的二十四节气，与中国的传统历法——农历（阴历）的日期根本就对应不起来，却与世界通行的公历（阳历）完全一致。

沈括早就注意到了"阴历"存在的这个重大缺陷，所以他提出了一种全新的历法：废除以十二个月为一年的传统历法，制定以十二个节气为一年的新历法。这就是沈括的《十二气历》。

沈括的《十二气历》是以太阳的运行为依据制定的"阳历"，与今天世界上通行的公历非常相似，只可惜，因为当时人们太保守，始终没有使用过。

研究日月的形状

沈括还是我国最早对日月形状进行过认真研究的科学家。

沈括在《梦溪笔谈》中说："日月的形状就像圆球。这是怎么知道的呢？因为月亮本身并不发光，好比一个银球，只有太阳照着它才有光……每到月初，出现新月的时候，太阳在它的旁边，由于阳光照着它的一侧，看上去就像个弯钩。当太阳渐渐远去，阳光斜着照过来，月亮就渐渐圆满起来。这就好像一个弹丸，用白粉把它的一半涂上，如果从侧面看，涂粉的地方就像弯钩一样；如果从正面看，就是一个正圆了。由此可知，日月的形状就像一个圆球。"

《 沈括的物理学成果 》

沈括的声学研究

沈括对声学的研究非常精深，他不仅研究过共鸣现象，还发现了产生共鸣的原因呢！

沈括在《梦溪笔谈》中说："琴音能和许多声音产生共鸣。我的朋友家有一张琵琶，放在空屋子里，用管瑟吹奏双调，琵琶的弦就会产生共鸣、发出声音，吹奏其他音调就不产生共鸣。因此，他把这张琴当作珍宝一样爱惜，其实，这是很普通的自然现象。在燕乐二十八调中，凡是遇到音高相同时，琵琶都会产生共鸣。"

沈括还说："按照古代的乐律理论，一个音律中有七个音调，十二律共有八十四个音调。如果细分下去，还不止八十四个呢！"

"人们偶尔在二十八个调中发现有共鸣现象，就觉得很奇怪，其实，这是很平常的道理，也是声学中最精妙的地方。现在的人不懂这个道理，所以才不能充分运用天地之间最和谐的声音。世上的乐师，连琴弦上的音调都搞不懂，哪有功夫考虑这些呢！"

对凹面镜的研究

沈括在《梦溪笔谈》中对凹面镜的光学原理进行了详细研究。

沈括在书中说："阳燧（就是凹面镜）照出来的影像都是倒立的，那是因为中间有'碍'的缘故。算学家把这叫'格术'。就好像鹞鹰在空中飞翔一样，它的影子随着鹞鹰移动。如果鹞鹰和影子中间被窗格所约束，影子中的鹞鹰就向相反方向移动；鹞鹰向东飞，那么影子就向西移；鹞鹰向西飞，影子就向东移。

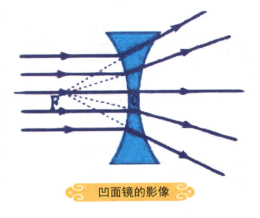

凹面镜的影像

"阳燧镜面是凹陷的，用一个指头靠近去照，影象是正的；渐渐向外移到一定位置，就看不见影象了；超过了这个位置，影象就变成倒立的了。"

沈括在书中还说："阳燧镜面是凹的，如果正对着太阳，光线就会向中间聚集，在离镜面一二寸的地方，光线聚集成一点，像芝麻粒那么大，东西放上去就会着火。"这是中国古代科学家对凹面镜"聚焦"现象最早的描述。

对凸面镜的研究

沈括很早就发现了凸面镜照人时发生的特殊光学现象。

他在《梦溪笔谈》中记述道："古人制作镜子，镜面大就做成平的，镜面小就做成凸面的。凹面的镜子，照出的人面就大；镜面凸，照出的人面就小。"

因为小镜子照不出人脸的全部，所以就让它微微凸起，这么一来，镜子虽然小，仍然可以照出人的整张脸。这是工匠的奇巧智慧，后人不

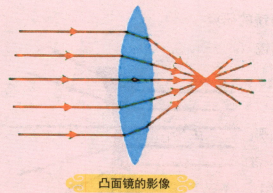

能理解，人们得到古镜，都将它刮磨成平的，这是因为人们根本不明白古人的原意。

发现地磁偏角

沈括还是世界上第一个发现地磁偏角的科学家。他在《梦溪笔谈》中明确指出："看风水的人常用磁石去磨针尖，针尖就指向南方了。不过常常略为偏东，并不完全指向正南。"

沈括的这段话是世界上最早的关于地球磁偏角问题的记载。西方人直到1492年哥伦布航海时才发现了地磁偏角，但是，已经比沈括晚了400多年。

沈括的科学精神

在沈括撰写的著名《梦溪笔谈》一书中，涉及了非常广阔的科学领域，除了光学、声学、磁学、天文、数学、地理、生物之外，还记载了许多在其他典籍中很难见到的相关科学记载。例如，沈括在书中描述的喻皓帮人修建杭州梵天寺木塔的故事、对河北白洋淀水泊形成的记载，以及大海潮汐成因的探讨，都具有相当重要的科学价值，充分展示了沈括的科学精神。

沈括的潮汐理论

中国古代学者很早就对潮汐感兴趣了。然而，关于潮汐的成因却大都是不正确的。例如，唐代学者卢肇就错误地认为：海潮是因为太阳的出没"激发"而引起的。

沈括是我国历史上第一个根据实际观测，得出大海的潮汐与月亮运行相关的重要结论。沈括在《梦溪笔谈》中说："我常常仔细观察大海的潮汐，发现每当月亮正好到子、午的位置时，就一定会发生海潮，按这个规律观察海潮，总是没有差误……当月亮正好到午位时发生的为'潮'，那么，正好到子位时发生的就叫'汐'。"

白洋淀的成因

沈括在《梦溪笔谈》中还详细地记载了北宋名臣何承矩利用地势开挖水方田以形成北宋边境军事屏障的事迹。沈括的记述，对研究今天白洋淀的成因有着极大的现实意义和重要的科学研究价值。

沈括在书中说："在河北的瓦桥关以北，是宋、辽两国的交界。那地方从没有可供防守的关河险要。六宅使何承矩镇守瓦桥关，提议利用湖沼等低洼的地势蓄起水来，作为防止辽兵入侵的屏障。

"何承矩想亲自去察看地形，又担心计谋泄漏，于是，每天和幕僚们在水上聚会，坐着船饮酒观赏蓼花，亲自写下几十首《蓼花吟》，还要求宾客们也写诗唱和。然后，又命人绘成图画，传送到京城。人们都不明白他的意图。

"从那以后，何承矩便利用当地的湖沼筑堤蓄起水来。庆历年间，内侍杨怀敏又接着进行这项工程。到了熙宁年间，又开挖徐村、柳庄等地的水塘，引来了徐河、鲍河、沙河、唐河的河水；然后，又引来了叫猴泉、鸡距泉、五眼泉等几处水源，最后往东与滹沱河、漳河、易水、白水以及黄河连接到了一起。

"于是，从保州西北方的沈远泺开始，往东一直到沧州泥沽河的入海口，差不多800多里地方，都成了水泊，水面最宽处达到60里，到现在仍然是边防的重要屏障。

"有人认为这样做侵占了农田，减少了边疆粮草的收入，这种说法是不对的。以前，深州、冀州、沧州和瀛州这一带，只有黄河、滹沱河、漳河浸灌到的地方，才是良田。河水浸灌不到的地方，全是盐碱地，根本不能种庄稼。

"那时候，这里曾聚集了许多游民，刮取碱土煮盐，屡屡违反朝廷的禁令，有时甚至聚众为盗。自从这里成为水泊之后，违禁煮盐的事已经明显减少了，而湖中出产的鱼、蟹、茭白、芦苇却成了当地百姓的生活依赖。"

这就是沈括描述的华北平原上的明珠——白洋淀形成的历史原因。

除了数学、天文、地理、光学、声学、水利等科学领域的研究成果之外，沈括还在生物学、医药学、建筑学等许多方面作出了重要的贡献，因此，《中国科技史》的作者李约瑟称他为"中国科学史上的坐标"。

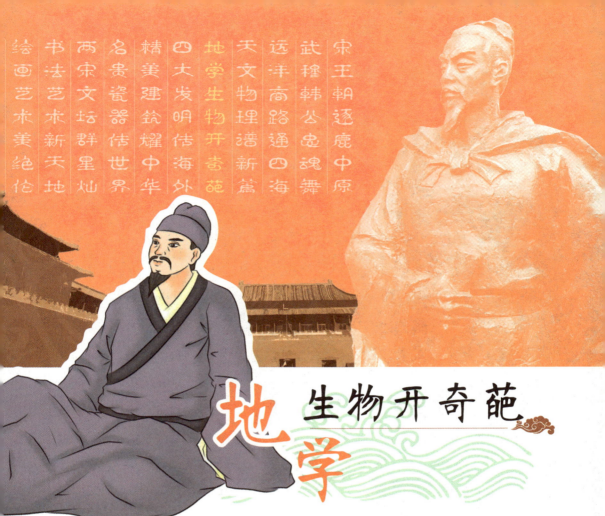

地学 生物开奇葩

两宋时期，不仅天文学、物理学走在了世界科学的前沿，自然地理、人文地理和地图学、动物学、植物学、中医学和法医学也同样达到了世界最高水平。

沈括的地学贡献

两宋时期，在地学领域作出重要贡献的是科学家沈括。

沈括论沧海桑田

沈括对海陆变迁的论述是世界上最早，也是最科学的。

有一年，沈括奉命出使契丹。他沿着太行山麓北行，看见山崖之间有海螺、海蚌的化石和鸟蛋样的石头，像一条带子一样横贯在石壁中。

经过仔细观察，他得出了非常科学的结论：尽管太行山离大海有千里之遥，但是，过去曾经是海滨，因为河流的冲刷作用，黄河、漳河、滹沱河、拒马河、桑干河的含沙量都很大，河水流经的地方也被切割成了深谷。由于这些河流带着大量的泥沙东流入海，就在下游沉积下来形成了陆地，于是，太行山就离大海越来越远了。

沈括论生物化石

沈括在《梦溪笔谈》中说，他在延州（今陕西延安）做地方官时，永宁关黄河堤岸发生了崩塌，在厚厚的黄土下面发现了大片的竹笋，有好几百根，而且已经变成了石头。

他认为："延州不生长竹子。但是，在遥远的古代，这里地势低洼、气候湿润，非常适合竹子生长。这些深入地下几十尺深的竹笋是古代的竹笋。"在距今800多年以前，能够得出如此的科学结论，实在是难能可贵啊！

沈括在《梦溪笔谈》中还讲了另外一个故事：泽州有一户人家打井，在土中发现了一个非常奇怪的东西，蜿蜒曲折，样子很像龙蛇，人们很害怕，不敢触摸它。后来，见它一动不动，才试着去捕捉它，原来不是动物，是块大石头，石头上的鳞甲就像活的生物一样。

沈括说：这块石头并不奇怪，就像螃蟹变成的石蟹一样，不过是动物化石罢了。沈括在800多年前得出的这个结论，同现代自然科学的观点是完全一致的。

《 纠正古人的错误 》

沈括博学多才，但是，却不迷信古人。他在《梦溪笔谈》中，对古代学者在地理学上的错误进行了认真的纠正。

沈括在《梦溪笔谈》中写道："司马相如在《上林赋》中说：'丹水、紫渊、灞河、浐河、泾水、渭水等八条大河……水势浩大深远，向东注入太湖'，这种说法是完全错误的。这八条大河其实都是流入黄河的，黄河距离太湖有几千里远，中间还隔着泰山、淮河、济水和长江，与太湖有什么关系呢？"

范成大地质考察

北宋最重要的科学家是沈括，南宋最重要的科学家是范成大。

范成大（1126—1193年）字致能，号古湖居士，苏州吴县（今江苏苏州）人，南宋著名政治家和诗人，同时也是那个时代最重要的地理学家和生物学家。

范成大是南宋重要的地理学家和生物学家，他撰写的《揽辔录》《骖鸾录》《吴船录》《桂海虞衡志》都具有相当重要的科学研究价值。

《 美丽的丹霞地貌 》

范成大在《骖鸾录》中对江西贵溪一带的红岩地貌——丹霞地貌进

行了重要的科学探讨。

范成大像

范成大在书中说："距贵溪县数里，有桃花大坛，石色如桃花，旁边数里有个龟山，远远望去好像一只大龟。从上饶沿着小溪的南岸行走，绵绵延延全都是很低的石山，山体是紫红色的，而且连草木都不生长。"

范成大所说的"石色如桃花"的山体，是全世界最早的对侏罗纪丹霞地貌的生动描述。丹霞地貌是中生代侏罗纪到第三纪的陆相红色岩系，在露出地面以后，由于河流的切割、雨水的冲蚀和热带、亚热带的风化作用形成的。

范成大在《骖鸾录》中还详细描述了湖南零陵和广西桂林两地岩溶地貌的差别。范成大发现，湖南的山峰虽然美丽，但是，很少有平坦开阔的地方。进入广西，尤其是到达桂林之后，发现这里不仅石峰秀丽，而且平野豁开。

范成大的《骖鸾录》对西南地区地形、地貌的记述十分详细，有很重要的研究价值。

残存的《桂海虞衡志》

范成大在广西当了两年地方官，他在离开广西前往四川途中撰写了著名的《桂海虞衡志》。

遗憾的是这部书已经残缺不全了，没能完整地保存下来。

范成大在《桂海虞衡志》中记述了桂林附近的岩溶地貌，他在书中

中华文明故事

桂林象鼻山

不仅对岩溶地区的孤峰、峰林、溶洞等进行了详细的描述，还科学地分析了岩溶地貌的成因。

范成大科学地分析了桂林地区溶洞是由于水的冲蚀和溶蚀作用形成的，他在书中分析"伏波岩"的成因，他说："伏波岩……下有洞……前浸江滨，波浪汹涌，日夜漱啮之。"

在《桂海虞衡志》中，范成大还科学地解释了栖霞洞中石钟乳的成因："钟乳垂下累累，凡乳床必因石脉而出……"这是中国古代科学家对石钟乳成因最早、最科学的解释。可以说，范成大是我国古代岩溶地貌学的真正开创者。

范成大最重要、最完整的地理学著作是1177年撰写的著名的《吴船录》。

《《吴船录》》

范成大的《吴船录》是他的地理学著作中保存最为完整的一部，虽然只有17000余字，但是，内容非常丰富。书中对长江沿岸城市的记载、对长江三峡景色的描述、对乐山大佛和江水含沙量的记述都具有非常重要的科学价值。

范成大对乐山大佛的描述非常生动："……唐开元中浮屠海通，始凿山为弥勒佛像以镇之。高三百六十尺，顶围十丈，目广二丈，为楼十三层，自头面以及其足，极天下佛像之大，两耳犹以木为之，佛足去江数步，惊涛怒号，汹涌过前，不可安立正视，今谓之佛头滩。"

短短百十来个字，不仅写出了乐山大佛的雄伟壮观，而且描述了作为诸水之会的乐山惊涛汹涌、江水奔流的惊险地理状况。

范成大在《吴船录》中还记载了沿途各地江水含沙量的变化，他在描述峨眉山下龙门峡中的水色时说："峡中绀碧无底，石寒水清。"

乐山大佛

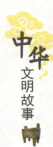

范成大在《吴船录》中对汉水的描述最清晰："汉水自北岸出，清碧可鉴，合大江浊流，始不相入；行里许，则为江水所胜，浑而一色。"

为什么长江的支流汉水"清碧可鉴"，而大江之中却是"浊流"呢？范成大科学地分析了产生这种自然现象的原因：这些支流"其行缓，故得澄莹。大江如激箭，万里奔流，不得不浊也"。

地图学世界领先

两宋时期，是一个人才辈出的时代，也是古代地理科学成就辉煌的时代。学者们不仅在沧海桑田的变化、溶岩地貌的考察、河流湖泊的流向等许多方面都取得了重要的科学成果，在地图学方面更是远远超过了西方。

两宋时期的《淳化天下图》《禹迹图》《地理图》都是世界上最先进、最科学的地理图。

英国著名科学史家李约瑟博士称赞《禹迹图》："无论谁把这幅地图拿来和同时代的欧洲宗教寰宇图相比较一下，都会由于中国地理学当时大大超过西方制图学而感到惊讶。"

《淳化天下图》

北宋建立后，官方急需一幅精确的疆域图，因此，太宗皇帝下令让各州县绘制本地区的地图，这些地图一来可以作为政府征收赋税、发布政令的依据，二来可以作为全国总舆图的组成部分。

993年，北宋中央政府利用各州县送上来的400多幅地图绘制成了全国总舆图——《淳化天下图》。据说，北宋绘制这幅规模巨大的《淳化天下图》先后用了上百匹绢。可惜的是，由于两宋时期战乱不断，这幅巨大的地理图没能保存下来。

但是，刻在石头上的地理图——《地理图》和《禹迹图》却奇迹般地保存了下来。

《 黄裳的《地理图》 》

黄裳的《地理图》是和天文学上的《黄裳原图》同时制作的。后人在苏州的文庙门前不仅发现了重要的天文学国宝——按"黄裳原图"制成的石刻《全天星图》；还发现了一幅保存完整的宋代石刻地理图。这幅石刻地理图就是黄裳主持测绘的北宋《全国总舆图》。

这幅地理图是科学家黄裳在南宋光宗登基大典时献给皇帝的，绘制时间相当准确——1190年，也就是宋光宗即位皇帝的那一年。

这是为了提醒这位新皇帝：时刻不要忘了收复中原失地。

在保存至今的两宋时期石刻地理图中，时间最早、水平最高的是另外一幅著名的石刻地理图——《禹迹图》。

《 著名的《禹迹图》 》

两宋时期制作过三幅石刻的《禹迹图》，遗憾的是，只有两幅保存到了今天。

最早的一幅《禹迹图》是1137年刻制的，现保存在西安碑林。

稍晚的一幅《禹迹图》是南宋绍兴十二年（1142年）镇江府学教授俞篪主持刻制的，现保存在镇江焦山寺。

这两幅《禹迹图》绘制的内容相同，画出了380多个行政区，80多条主要河流，70多座山脉和大部分重要湖泊，并准确地绘制出了海岸线的走向。两幅图无论在尺寸上，还是在形制上都完全相同，对湖泊、海

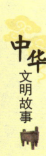

岸线以及河流名称的刻绘也完全相同。因此，可以断定是按照同一幅原图刻制的。

西安碑林和镇江焦山寺的《禹迹图》都是用"计里画方"的绘图方法制作的。

所谓"画方"就是图上画有小方格，这两幅《禹迹图》纵向都是73方，横向都是71方，共画出了5183方，并且都同样注明了"每方折地百里"。

这两幅《禹迹图》对华夏大地上主要河流的轮廓和走向绘制得十分清晰，例如长江、黄河、汉水、沅水、湘水、珠江、钱塘江、澜沧江绘制都相当精确。

对太湖、洞庭湖、巢湖等重要湖泊的位置也绘制得十分准确。图中对我国古代海岸线的绘制尤其精致：雷州半岛的突出部分、山东半岛向外的延伸和杭州湾的内凹都和现代地理图相差无几。

生命科学的成就

两宋时期的学者在动物分类学、植物分类学、生物品种的人工培育、动植物的习性研究以及具有悠久历史的医药学、法医学、人体解剖学等方面都取得了重大成就，把我国古代生命科学的研究水平提高到了世界领先地位。

《 生物学重要著作 》

两宋时期，涌现出了一大批对生命科学有着浓厚兴趣的科学家，而且出现了多部优秀的生命科学方面的专著。这些包含着丰富科学思想的优秀著作对我国古代生命科学的发展产生了非常重要的影响。

宋祁《益部方物略记》

宋祁（998—1061年）字子京，北宋著名学者，在文学、史学和生物学方面都有重要贡献。

宋祁的《益部方物略记》是现存的第一部描述我国西南地区动植物资源的专著，具有重要的学术价值。全书记述了65种动植物，并为所有的动植物配了插图，遗憾的是，这部书虽然流传了下来，但是书中的插图却散佚了。

海棠

《益部方物略记》中对动植物的描述相当详细。例如，宋祁在书中对"重叶海棠"的描述：四川生长的重叶海棠，花瓣和花萼都是重叠的，非常可爱；而北方的海棠，只是枝干强壮，花朵很稀疏。所以四川的海棠是天下最美丽的海棠。

《益部方物略记》中对四川各地的竹子描述得相当详细，详细探讨了紫竹、慈竹、椶竹、方竹等多种竹子的形状、产地和习性，具有重要的科学研究价值。

《益部方物略记》还记述了我国珍稀动物川金丝猴和大熊猫，并且指出：大熊猫生长在邛、蜀之间，与猿猴是同类，但是性情温和，体态丰腴。

周世厚《洛阳花木记》

周世厚的《洛阳花木记》同宋祁的《益部方物略记》一样，也是北

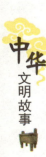

宋时期著名的生物学著作。

据说，周世厚在很小的时候就听人说"洛阳花卉之盛，甲于天下"，心中对洛阳非常向往。

北宋元丰年间，周世厚被任命为洛阳的地方官，他发现洛阳的花卉确实品种繁多，名不虚传。于是，就对当地的花木进行了深入的研究和查考，撰写了这部著名的《洛阳花木记》。

《洛阳花木记》对洛阳花木进行了深入的研究，是中国古代最早的研究花卉的专著。中国很早就有了"洛阳牡丹甲天下"的说法，这部书共记述了洛阳城中的500多种花卉，其中，仅牡丹花就多达100个品种，芍药40多个品种，其他花卉300多种。

蔡襄的《荔枝谱》

北宋蔡襄的《荔枝谱》也是两宋时期重要的生物学著作，而且还是一部专门记述闽南佳果荔枝的专著。早在800多年前，他就告诉了人们哪个品种的荔枝最好吃。

由于蔡襄生长在荔枝之乡，后来又长期在岭南任职，所以他的这部《荔枝谱》写得非常好，不仅详细记载了32个不同品种荔枝的特征，而且对荔枝生长的气候条件、自然环境都进行了准确的描述。

蔡襄的《荔枝谱》还给不

荔枝

同品种的荔枝排了序。在他的笔下，荔枝中最好吃的品种是"陈紫"。他描述说："今列陈紫之所长，以例众品：其树晚熟，其实广上而圆下，大可径寸有（又）五分；香气清远，色泽鲜紫，壳薄而平，瓢厚而莹。膜如桃花红，核如丁香母，剥之凝如水精，食之消如绛雪（道家仙药），其味之至，不可得而状也……唯陈紫之于色、香、味，自拔其类，此所以为天下第一也。"

【 范成大与生物学 】

范成大撰写的《吴船录》和《桂海虞衡志》不仅记述了大量地理学内容，还生动地记述了大量生物学方面的知识，为南宋时期生物学的发展作出了非常重要的贡献。

范成大在《吴船录》中详细描述了峨眉山娑罗坪上生长的特殊树种——娑罗树："其木叶如海桐，又似杨梅，花红白色，春夏间开，惟此山有之。余登山半即见之，至此满山皆是。"

范成大这段话不仅生动地描述了峨眉山娑罗坪上娑罗树"叶如海桐""花红白色"的美丽形态，而且详细描述了峨眉山上娑罗树只是"春夏间开，惟此山有之"的特殊物候状况。

在《吴船录》中，范成大还详细地记述了峨眉山植物的分布状况：山的下部生长的是常绿阔叶林；山的中部生长的是落叶乔木，娑罗树就是山茶科的落叶乔木；而在山顶之上由于山高风大，就只能生长冷杉、塔松等针叶林木和杜鹃等灌木植物了。这些记载在生物理论方面有着非常重要的学术价值。

范成大的《桂海虞衡志》与生物科学的关系尤其密切。这部长达三卷的科学书籍虽然因年代久远已经大部佚失，目前仅存1卷。但是，仍然可以看到书中记载的广西地区的地理、气候和动植物习性等内容。

《桂海虞衡志》中描述的许多南方植物都是第一次被正式记载的，例如：红豆蔻、南山茶、红蕉花、史君子花、馒头柑、菠萝蜜、山韶子，还有我们生活中常用的八角茴香呢！

《桂海虞衡志》记载的动物种类也相当多，例如孔雀、鹦鹉、大象、广西矮马、金丝猴、黑叶猴、灰叶猴、蚺蛇、玳瑁、鹦鹉螺……都记载得生动详细。更重要的是，范成大在《桂海虞衡志》中对各种植物的形态、习性、生长环境都记述得翔实、准确；对多种动物的行为、体态、特点也同样描写得生动、有趣，为后人的学术研究留下了丰富的科学资料。

领先世界的法医学

两宋时期名医众多，医学成就辉煌，仅官方编写的《太平圣惠方》就涉及1670种病症门类，并收集各类处方16834个。另外，王惟一发明的针灸铜人、钱乙的儿科研究更是远远超过了前人。

南宋时期，还有一项突出的医学贡献，那就是南宋著名刑事侦查专家、法医学家宋慈撰写了全世界第一部法医学专著——《洗冤集录》。

宋慈（1186—1249年），字惠父，福建建阳人，是我国历史上杰出的法医学家。宋慈长期担任地方官，从江西信丰县主薄一直升至封疆大吏——广东经略安

宋慈像

抚使。

宋慈一生经办的案件数不胜数，积累了丰富的办案经验。他在逝世的前两年（1247年）对自己一生的办案经验进行了系统总结，撰写并刊刻世界第一部法医学专著——《洗冤集录》，西方直到350年之后才达到宋慈的水平。

宋慈在《洗冤集录》中记述的检验方法虽然都来源于经验，但是，却与现代科学法医检验的结果完全相吻合，令人叹为观止。

在电视连续剧《大宋提刑官》中有这样一个故事：宋慈在阳光下用红油伞成功地检验出了尸骨的伤痕。

在宋慈的《洗冤集录》中确实有这样的记载："检验尸体骨伤，如果看不到痕迹，用酒糟和醋泼在尸骨上，在露天用新油绢或明油雨伞覆盖在需要检验的地方，迎着日光看，就可以清晰地看到痕迹。"

宋慈在书中还详细指出："用红油伞遮尸骨验，尸骨上被打处，会现出红色纹路；尸骨折断处，两头都有血晕色；尸骨有红色的血荫是生前被打，尸骨上如果没有血荫，即使有损折，也是死后的伤痕。"宋慈《洗冤集录》中所载的这种检验尸骨伤损的方法与现代紫外线照射的检验方法的原理是完全一样的。

现代科学研究表明：尸骨是不透明的物体，它对阳光会有选择的反射。当光线通过明油伞或新油绢伞时，其中，影响观察的部分光线就被吸收了，所以很容易看出伤痕。

宋慈在《洗冤集录》中描述的人工呼吸方法、中毒检验方法和火灾中的尸体检验都是十分科学的。

另外，宋慈在书中还记述了滴血法：将父母与子女的血液混在一起，看是否融合；或者将子女的血液滴在父母骸骨上，看子女的血是否入骨，以确定双方是否有直系血缘关系。尽管这种方法并没有科学依据，然而，却包含着现代血清检验法的萌芽。

这部《洗冤集录》自从13世纪问世以来，始终是历朝历代刑狱推官案头必备的重要参考书，在华夏大地上沿用了600多年。18世纪末，《洗冤集录》开始流传海外，1779年被译为法文，以后又陆续被译成德文、英文、俄文、韩文、日文和荷兰文等多种文字，开始在全世界广泛流传。

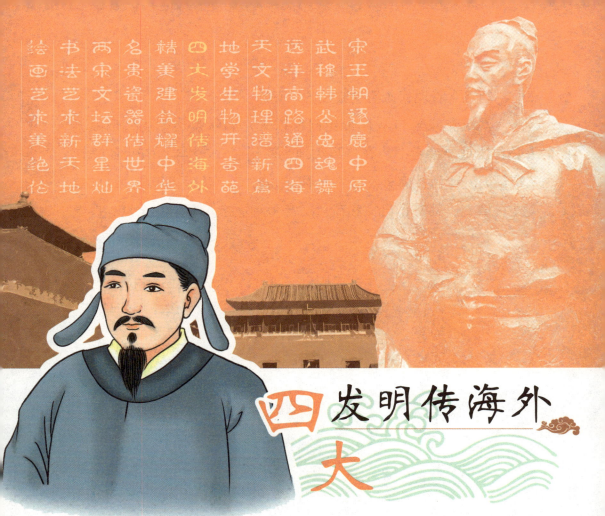

四大 发明传海外

　　两宋时期，发达的应用技术有力地推动了天文学、数学、力学的发展。例如，航海技术、建筑工程、桥梁工程都是科学发展的推动力。

　　同时，机械制造技术的进步，活字印刷术的出现，指南针的广泛使用，都为科学发展提供了技术支持。

　　两宋时期的应用技术对整个世界都产生了深远的影响。

　　英国思想家弗兰西斯·培根认为："指南针、火药和活字印刷术的发明改变了整个世界。"

火药的应用传播

在中国古代的四大发明中，火药通过阿拉伯传到了西方，欧洲的资产阶级用大炮轰开封建领主的城堡，最先进入资本主义社会。

但是，世界上最早的"炮战"并没有发生在欧洲，而是发生在长江之上。

两宋时期，中华古文明能够在天文、物理、地学、生物、数学、医学等多个领域达到世界的顶峰，除了宽松的社会环境、活跃的哲学思想之外，还有应用技术的巨大推动作用。

世界上最早的"炮战"

我们前面刚刚讲过：1161年，金国统帅完颜亮率领60万大军向南宋发动了大规模进攻，准备一举渡过长江。

临时统帅南宋军队的是儒将虞允文。在波涛滚滚的长江上，南宋军队和金国的水军发生了一场激烈的战斗。当时，金国的水军想在采石矶强渡长江，战船刚刚行驶出港，就遭到了南宋水军爆炸火器的迎头痛击。

在虞允文的指挥下，南宋水军使用了威力强大的霹雳火炮拼命轰击，巨大的火球、火药箭落到了金兵的战船上，霎时间，炮声隆隆、浓烟滚滚，随着剧烈的爆炸声，金国的战船纷纷起火燃烧，焦头烂额的金兵大部分落水而死，南宋水军大获全胜。

南宋和金之间发生在800多年前的这场水上大战，是人类历史上第一次在水面上使用火药武器进行的战斗。

《 火药出现的年代 》

今天，我们只知道火药是中国古代的炼丹家们发明的。但是，发明者究竟是谁，早已无从查考了，甚至连发明的年代也弄不清了。

古代火药的成分主要是硫黄、硝石和木炭。硫黄和硝石都是炼丹的重要原材料，而且，所有的炼丹家们都是用木炭作燃料炼丹的。

在神话故事中，常有修炼者违反戒律、发生丹炉爆炸的事情。其实，这正是发明火药的真实记录。

《 火药的正式记载 》

古代炼丹家们为了保密，炼丹著作都是用隐语写成的，所以，今天也就没法知道是谁第一个发明了火药。

最早记载火药成分的是唐朝的药王孙思邈。他在《丹经》中告诫：把硫黄、硝石放在一起烧炼时，如果有木炭掉进去，就会发生爆炸。可见，至少在唐代，人们已经能够制造出火药了。

北宋初年，曾公亮撰写的《武经总要》正式记载了火药的配方。因此，世界上所有重要文献都认定火药是中国人在北宋初年发明的。

北宋末年，火药开始应用在军事上。于是，炼丹家们在炼"长生不老药"时无意中"发明"的火药，就变成了战场上克敌制胜的法宝。

《 克敌制胜的法宝 》

其实，早在采石矶之战以前，火药就已经应用在军事上了。1125年，金兵围攻汴京时，守城的宋军就使用过火药武器——霹雳火球。

这种"霹雳火球"是把配好的火药和瓷片用纸裹在一起制成的。点燃后，扔向敌人，很像今天的手榴弹。这可能是世界上最早的爆炸性火器。由于这种新式武器在发生爆炸时会发出霹雳般的响声，因此被称为

“霹雳火球”。

北宋末年，火药武器还处于起步阶段。那时候的燃烧性火器、爆炸性火器杀伤力都比较小。当时，最常用的是"火药箭"，先点燃箭头后面的霹雳火球，再把箭射出去，有双重杀伤力。

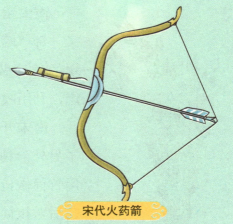

宋代火药箭

到了南宋时期，火药武器的使用越来越广泛。在1161年发生的采石矶之战中，虞允文统率的南宋军队已经开始使用威力强大的"霹雳火炮"了。这是世界水战史上使用爆炸性火器克敌制胜的第一战。

两宋时期，统治北方的金国也在发展火药武器。大约在13世纪初，金人改进了宋人的霹雳火球，制成了一种在铁制外壳里装火药的武器，后人称为"震天雷"。

震天雷的爆炸威力很强。宋宁宗嘉定十四年（1221年），金兵在攻打蕲州时，用抛石机抛射过这种火器，南宋守军遭到了重大伤亡，许多建筑物都遭到了破坏。

蕲州战斗后，南宋也开始大量仿制震天雷。在元朝人撰写的《金史》中描述过震天雷的威力："炮起火发，其声如雷，闻百里外，热力达半亩以上。人与牛皮皆碎进无迹，甲铁皆透。"这说明在南宋时期，中国人对火药的应用已经十分成熟了。

世界上最早的"步枪"

南宋时期，人们对火药武器进行了更重要的改革，出现了用竹木制成的、能够射击的管形火器。

南宋绍兴二年（1132年）有个叫陈规的人发明了一种"喷火枪"。这种火药武器的原理是选用结实的竹筒做枪管，里面装上火药，两军对阵时点燃，利用喷出的火焰烧伤敌人。

南宋开庆元年（1259年），安徽寿春有人制造了另外一种火药武器——"突火枪"。突火枪也是用竹筒做枪管，里面装上火药和"子窠"，点燃火药后，枪筒中就会产生很强的气压把"子窠"射向敌人。

据史料记载，这种突火枪射出去的"子窠"最远可以达到100多米。所谓"子窠"，其实就是最早的"子弹"。

南宋的突火枪虽然很原始，但是已经初步具备了射击形火器的三个基本要素——枪管、火药和子弹。因此，这种突火枪可以算得上是世界上最早的"步枪"了。

突火枪

《 世界上最早的火炮 》

火药武器在南宋末年有了更重大的改进，出现了世界上最早的金属管射击火器——火铳。

火铳是在突火枪的基础上制造出来的，它的发射原理与突火枪一样。所不同的是，突火枪用的是竹制枪筒，火铳用的是金属枪筒。相比之下，火铳比突火枪的射程要远得多，杀伤力比突火枪大得多。从理论上讲，火铳已经很接近现代火炮的射击原理了。

可惜的是，南宋时期的火铳没能保存下来，现在保存下来的世界上最早的火铳是元至顺三年（1332年）制造的铜火铳。此时距南宋灭亡只

中华
文明
故事

有很短的时间。因此，可以认定早在南宋末年，人们就已经开始制造这种原始"火炮"了。

这尊元代铜火铳全长353毫米，口径105毫米，重6.94公斤，由于口径比

古代火铳

较大，可以发射大型的炮弹——弹丸。这尊铜火铳现在就保存在国家博物馆，它可以算是目前发现的全世界最早的"火炮"了。

大约在13世纪中叶，西征的蒙古大军把从宋朝学到的制造火药和火药武器的方法传到了阿拉伯国家。

欧洲人对火药的认识还要晚几十年，直到13世纪末，他们才通过阿拉伯人学会了制作火药。他们在同阿拉伯人作战时，同当年攻打北宋的金兵一样，吃尽了火药武器的苦头。

当西方人学会火药武器的制造方法时，距中国人发明火药的时间已经有好几百年了。

指南针与航海罗盘

指南针的发明同火药的发明一样，今天已经无从考证了。人们只知道早在两汉时期，我们的祖先就已经开始使用天然磁石测定方向了。

到了宋代，指南针的制造和使用有了很大的发展。人们不仅掌握了制造人工磁铁的方法，而且还用人造磁铁制成了世界上最早的指南针。

《 北宋的指南鱼 》

北宋年间的指南针是鱼形的，漂浮在水面上，因此，被称为"指南鱼"。

在北宋曾公亮撰写的《武经总要》中记述了指南鱼的制造方法：把薄铁皮剪成头尾像鱼的小长片，放在炭火中烧。烧红了以后，再顺南北方向放到地面上，经受大地磁场的感应。于是，这个鱼形小铁片就变成了人造磁铁。使用时，把这个鱼形的小磁铁片放到水面上，就可以灵活地指向南极了。

曾公亮的这段描述，不仅清晰地记录了北宋时期制造指南鱼的全过程，而且说明了指南鱼的使用方法。

《 航海中的应用 》

早在北宋以前，司南的应用已经很广泛了。人们在建筑宫室、房屋时要请风水先生测定方向，在选择墓地时要请风水先生测定方位。那些风水先生们怎么能准确地选择方位呢？靠的就是司南——指南针。

随着经济的发展和社会的进步，到了北宋时期，指南针开始广泛地应用于海上航行。试想，商船航行在茫茫的大海上，水天一色，舵手们没有任何参照物，怎么掌握方向呢？

北宋朱彧撰写的《萍洲可谈》是这样记载的：舵手们晚上看星星，白天看太阳；碰到阴天，太阳和星星都看不见的时候，就依靠指南针——司南了。朱彧的记载是世界上"指南针用于航海"的最早记载。

《 南宋的指南龟 》

南宋时期，指南针的制造和使用就更加普及了，还出现了许多造型新颖的指南针呢！例如外壳雕刻精美的指南鱼和指南龟。

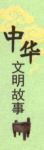

中华
文明
故事

木质指南鱼的制作方法是先刻制一条木鱼，然后把一块天然磁石放入木鱼的腹中。使用时把木鱼放在水里，木鱼的头就自动指向南极了。

指南龟的制作方法是先刻一只木龟，把一块天然磁石放入木龟的腹中。然后，在木龟的腹下挖个不太深的小圆洞，再通过这个小圆洞把木龟安置在一个竹针上。使用时，只要用手拨转木龟，木龟就会转动起来，等到它静止下来就自动地指向南极了。

这种指南龟和今天我们使用的指南针已经相当接近了，龟腹下面的竹针就相当于现代指南针的支架。

《 南宋的罗盘针 》

南宋时期，指南针的制造也越来越先进，还出现了世界上最早的航海罗盘。南宋时的航海罗盘与现代罗盘已经相当接近。它把划分方位的装置和指南针组装在一起，精确度有了很大的提高。

南宋的航海罗盘——罗盘针，把360度分为48等分，比近代西方使用的32等分罗盘精确得多。

到了元朝，为了更精确地测定航船的航行方向，人们已经不再依赖太阳和星星辨别方向了。无论阴天还是晴天，航海家们都已经完全依靠航海罗盘导航了。

由于两宋时期航海贸易非常发达，泉州、广州、宁波、扬州、杭州等地都居住着阿拉伯商人。他们首先学会了制作和使用指南针。以后，又把这项发明从阿拉伯传到了欧洲。

到了13世纪中叶，欧洲人也开始在航海中使用指南针了。中国人发明的指南针为哥伦布、麦哲伦等人的远距离航海提供了重要的技术保障。

两宋时期的书法、绘画非常普及，市场上对纸张的需求量也很大。宫廷用纸量居高不下，民间用纸量急剧上升，有力地推动了造纸业的飞速发展。两宋时期的纸张生产，在数量上和质量上都出现了飞跃。

《 两宋时期的造纸技术 》

据文献记载：北宋时，仅徽州一地每年向朝廷上贡的纸张就多达7种150万张。不仅纸张产量非常大，随着书法、绘画艺术的发展，人们对纸张有了更高的要求。从现在保存下来的宋代书画作品上看，宋代的纸张质量非常好，许多地方出产的纸都达到了轻、软、薄、细、韧五大特色。

两宋时期，江西清江的藤纸、安徽徽州的龙须纸、湖南平江的春膏纸和浙江泗州的竹纸都非常有名。

《 规模巨大的造纸作坊 》

早在南宋时期，杭州的富阳就以出产优质的竹纸而闻名。

2006年5月，富阳竹纸制作技艺还入选了我国第一批国家级非物质文化遗产名录。富阳竹纸的优点是强度很高，经久耐用，全国各地图书馆、博物馆保存的古代书籍中，许多都是竹纸本。

2008年，考古学家们在富阳发现了一处南宋造纸作坊的遗址。它是迄今为止世界上年代最久远、规模最宏大、保存最完整的古代造纸作坊遗址。富阳南宋造纸遗址的发现，具有重大的历史和科学价值。

富阳南宋造纸作坊总面积达2.2万平方米，相当于3个标准足球场这么大。专家推测，由于这里距离南宋的都城临安很近，因此，很可能是

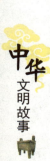

南宋的皇家造纸作坊。

两宋时期纸张的品种也超过了任何一个历史时期，许多造纸作坊还对纸张进行了进一步的加工处理。

优质的纸张经过染色等工序，就制成了精美的色笺，专供朝野的文人雅士题诗、作画时使用。这也是后人以纸张为依据，鉴定宋代书画真迹的重要原因。

《 神奇的活字印刷术 》

活字印刷术的发明与造纸术非常相似，最早的发明者已经无从考证了。过去，人们普遍认为活字印刷术是北宋时期的毕昇发明的。其实，活字印刷早在宋代以前就出现了。

前不久，考古学家们在五代晚期的古墓中发现了用活字版印刷的书籍，因此可以断定早在北宋建立以前就已经出现活字印刷术了，只是在文献资料中没有相关的记载。

有人可能会问：今天的人怎么能知道古代的哪一本书籍是用活字印出来的呢？其实，非常简单，只要在书中发现一个印倒了的字——头朝下的字，就可以断定这本书是用活字印刷的了，因为只有使用活字才有可能出现倒置的字。

根据五代晚期墓葬中出土的活字版书籍，中国的活字印刷技术比毕昇生活的年代还要早一个多世纪呢！

《 毕昇的活字印刷术 》

沈括在《梦溪笔谈》中详细记载了毕昇发明活字印刷的故事。

毕昇是北宋时的一个印刷工匠，他在工作中早就发现使用雕版印刷不太方便，因为雕好的版只能印这一种书，印完就废了。于是，他就

毕昇像

试着用一个一个的木质单字排版，印刷各种书籍。

但是，毕昇的活字实验很快就失败了。首先，木字粘在一起后，要分散开第二次使用很不容易；而且木块的纹理疏密不一样，吸水后膨胀的程度也不一样，版面很容易出现高低不平的情况，印刷效果很差。毕昇日思夜想，也没想出一个好办法。

有一天，毕昇坐在灶前，帮妻子做饭，他一边烧火，一边念叨着："怎样才能找到既不吸水，又可以刻字的东西呢？"

妻子指着旁边的瓦罐说："这不就是不吸水的东西吗？可就是不能刻字。"妻子的话提醒了毕昇，他立即跑到附近的一个窑场，在烧窑工人的帮助下，用胶泥制成了一些刻成字的小土坯，然后放在窑里烧成了一个个很硬的单字。

印书时，毕昇按照书本的大小，准备了一块铁板，在上面放上松香和蜡，再拿一个铁框子放到铁板上。然后，他就在铁框里排满了烧出来的泥字，放在火上烤，等板上的松香和蜡开始溶化时，就用一块平板在活字上面压一下，版面就被压平了。于是，一块活字版就这样制成了。

这时候，再把墨涂在压平的版面上，就可以印书了。每一页书印完后，再把铁板放在火上烤一下，让板上的松香和蜡重新溶化，把活字拿下来，准备重新使用。

中华文明故事

为了提高工作效率，毕昇准备了两块铁板，交替进行排版和印刷，大大地提高了书的印刷速度。毕昇发明的活字印刷术是世界印刷史上的一次重大革命。对促进全世界的文化交流与传播起到了巨大的推动作用。

《 活字印刷术的传播 》

中国的活字印刷虽然发明得非常早。在元朝、清朝还作过技术改进，并且印刷过不少书。但是，令人遗憾的是，活字印刷在中国始终没能取代雕版印刷，也没能被广泛应用。

活字版

为什么会这样呢？主要是经济上的原因。

首先，当时木材和用木材雕版价格都比较低，使用雕版印刷书籍，印刷作坊不用投资太大；而制造大量的活字却需要付出巨大的一次性投资，经济上并不划算。英文字母只有26个，用活字印刷当然经济，而中国汉字的数量太大，把成千上万的汉字都制成活字，成本太高。排版时，在几千个活字中找出某个字来也很困难。因此，活字印刷直到明清时期都没有得到广泛应用。

另外，雕版与活字版相比还有一个优点：印版可以长期保存，特别适用于中国传统印刷作坊的经营方式。中国古代的书肆规模都不大，每部书只印几十册，卖完了再印，以避免存书过多，不利于资金周转。因此，雕版印刷直到民国初年还非常盛行呢！

我国的活字印刷术先在14世纪传到朝鲜和日本，后来又从新疆经阿拉伯国家传入了欧洲。

受中国活字印刷术的影响，德国人约翰·谷登堡在1455年用铅、锡、锑合金制成的活字印出了欧洲最早的活字版《圣经》。此时，距毕昇发明活字印刷术已经过了两个多世纪，距中国最早的活字印刷品出现的时间已经晚了500多年了。

精美建筑耀中华

宋、辽、金、夏时期的建筑也同唐代建筑一样，非常精美。无论殿堂、庙宇，还是佛塔、桥梁，在建筑工艺上都达到了世界顶级水平。

年代久远，加上兵火战乱，大部分建筑已经被毁。但是，由于结构坚固、抗震能力强，仍然有少数的殿宇、桥梁、佛塔奇迹般地保存了下来。

分布在各地的宋、辽、金、夏时期修建的殿宇、桥梁、佛塔都是精品。这些建筑都是那个时期建筑工艺的历史见证，都展示着那个时代领先世界的科学技术水平。

在保存下来的殿宇建筑中有许多都是精品。其中，山西太原晋祠的圣母殿、河南登封五乳峰下的初祖庵大殿、河北正定龙兴古寺中的摩尼殿、山西大同善化寺的普贤阁和山西晋城青莲寺大殿都是杰出的代表，现在都已经成为国宝了。

宏伟壮观圣母殿

晋祠也称唐叔虞祠，是春秋时期为了纪念晋国的开国君王姬虞建立的。圣母殿是晋祠中最重要的殿堂。

晋祠在北魏郦道元的《水经注》中有清晰的记载："悬瓮之山，晋水出焉……沼西际山枕水，有唐叔虞祠。水侧有凉堂。结飞梁于水上。"

晋祠圣母殿

晋祠圣母殿1087年创建，至今已近千年，是国宝级文物。这座大殿面宽七间、进深六间，高达十九米，重檐歇山顶，极其雄伟壮观。大殿四周的立柱略向内倾，四根角柱显著升高，使得大殿前檐的曲线弧度非常大，形成了优美的造型。

圣母殿是采用两宋时期最科学的"减柱法"设计施工的，宽阔的大殿里竟然没有一根柱子！巨大的殿顶梁架完全依赖四周的立柱和廊柱的支撑，为安放的国宝——43尊宋代彩塑造像提供了足够的空间。

晋祠圣母殿还是我国古代唯一建有围廊的古建筑。圣母殿四周的围廊非常精致，前廊的廊柱上雕饰着八条精致、古朴的木质蟠龙！它们透迤曲折，盘旋自如，是珍贵的国宝级文物，也是全国唯一的绝世精品。

圣母殿雄伟壮观，殿前的鱼沼飞梁像一只展翅欲飞的大鸟。大殿翘起的殿角与鱼沼飞梁下折的两翼，相互呼应。不仅映衬出了圣母殿的开阔雄浑，也突出了鱼沼飞梁的精美结构。如果从远处观看，大殿、飞梁、泉亭、鱼沼交相辉映，构成了晋祠古建筑群独具特色的美景。

鱼沼飞梁

《 典雅别致初祖庵 》

初祖庵位于河南登封少林寺西北2千米处的五乳峰下。庵中的大殿，是北宋宣和七年（1125年）创建的，比晋祠圣母殿的建造时间稍晚，是两宋时期保存下来的国宝级建筑。

初祖庵大殿坐北朝南，面阔3间，进深也是3间。这座大殿建在石砌的高台上，单檐歇山顶，建筑曲线极为优美。大殿檐下设置了硕大的斗拱，前檐立着4根十一个角的石柱，柱面上有精致的浮雕，雕刻着海石榴、卷草、飞禽和伎乐等内容丰富的图案。

初祖庵大殿正面是佛龛，佛龛的4根石柱上用浮雕雕刻着佛教人物、盘龙等。大殿东、西、北三面墙壁下部都砌着坚固的石护脚，上面刻着鱼、龙、蚌、象、云气、流水、佛像、人物等精美的图案。

尽管初祖庵大殿的面积并不大，在建筑规模上无法和明清两代修建的巨大殿堂相比，但是，这座大殿造型之优美、风格之典雅，却远远超过了明清时期的同类建筑。

《 绝世孤品摩尼殿 》

河北正定隆兴寺是北宋修建的佛教古刹，寺中大悲阁内的铜铸千手观音被称为"正定大菩萨"，与沧州狮子、定州塔、赵州桥并称为"河北四宝"，是国内最高大的古代铜铸佛像。

隆兴寺是现存国内著名的古代建筑群，有摩尼殿、天王殿、戒坛、大悲阁、转轮藏阁、弥陀殿和康熙御碑亭、乾隆御碑亭等多处建筑。除了两处清代皇帝修建的御碑亭之外，其余大都是宋代建筑，其中最著名的就是摩尼殿。

摩尼殿是正定隆兴寺的主要建筑，是北宋皇祐四年（1052年）创建的，至今已近千年。摩尼殿的结构非常奇特，是我国现存的唯一一座平面呈十字形的大型土木建筑，因此，被古建专家梁思成先生誉为世界古建筑中的绝世孤品。

绝世孤品摩尼殿

摩尼殿气魄古朴端庄、重叠雄伟。由于造型奇特，在端庄肃穆之中又显露出活泼生动的特性，是唯一一座与宋代绘画中佛殿式样完全相同的建筑实例。

摩尼殿正中的大殿重檐歇山顶，横宽五间，进深五间。正中间的大殿向东、南、西、北四面各伸出两间歇山顶抱厦，使得这座佛教大殿的平面变成了罕见的十字形。

摩尼殿内正中的须弥台上，有五尊金装异彩的佛像，中央是释迦牟尼说法的坐像；左侧是弟子迦叶，被塑成了一位严肃的老僧；右侧是弟子阿难，被塑成了一位慈祥的善士。这三尊佛像都是北宋时期的原塑，是国宝级的珍贵文物。

巍峨壮观的佛塔

宋、辽、金三国修建的各类佛塔无论是砖塔、木塔，还是石塔都是中国古代建筑中的珍品。这个时期的古塔在高度上、坚实程度上和建筑工艺上都远远超越了以往各个朝代，而且始终没有被后人所超越。

开元寺料敌塔

砖塔是古代建筑中的高层建筑，两宋时期修建的砖塔有的高达60～80米。这些古塔历经兵火战乱、地震洪灾，至今已近千年，仍巍然屹立在华夏大地上。

在众多保存完好的砖塔中，身材最高的是河北定州开元寺塔。这座高塔是北宋咸平四年（1001年）修建的，因为定州是北宋与辽国的边境，属于军事要地，登上这座高塔可以瞭望远处的敌情，所以取名"料敌"塔。

料敌塔是楼阁式砖塔，八角13层，高84米，在高度上是中国古代佛塔之最。这座古塔比例匀称，从下往上，每一层的高度和直径都逐渐减少。由于塔身是按照一定韵律变化的，这座古塔显得格外挺拔和雄健。

《 两宋时期的石塔 》

石塔是我国古代建筑中最有特色的建筑。北宋以前大多数是砖塔，石塔是从北宋才开始出现的。现存最高大、古老的石塔是福建泉州开元寺塔。

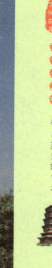

泉州石塔

　　泉州开元寺有东、西两座石塔。东塔是南宋绍定元年（1228年）修建的，塔高44.06米。西塔是南宋嘉熙二年（1238年）修建的，塔高48.24米。两座石塔都是八角五层，高大雄伟，建筑规模在我国古代石塔中名列前茅。

　　开元寺石塔非常精美。这两座石塔虽然是我国现存最高大的石塔，但是，由于借鉴了木塔的建筑结构，因此，建塔时所使用的石料尺寸并不大。

　　两座石塔的倚柱都是用石料拼接成的，塔壁却是横条石和丁字石互砌的。这种"双轨"结构，既减轻了石塔自身的重量，又形成了一个非常坚固的整体。因此，泉州开元寺双塔是我国也是世界建筑史上最美的高层石砌建筑物。

《 宋、辽、金时期的木塔 》

　　木塔是中国古代佛塔建筑中的奇迹。由于两宋时期的殿堂楼阁大都

喻皓

是木制构架，因此，这种建筑技术和工艺也应用到了佛塔建筑中。

位于山西应县佛宫寺的释迦塔是现存最高大、最古老的木塔。这座举世闻名的木塔是辽清宁二年（1056年）修建的，距今已近千年。

当时的应县属辽国管辖。在我国古代，现存的古建筑都没有留下建造者的姓名。只有佛宫寺释迦塔是个例外，庙中的碑刻记载了设计和修建这座木塔的工匠姓名，他就是两宋历史上著名的建筑师——喻皓。

山西应县佛宫寺释迦塔是我国现存唯一的一座高层木塔。这座木塔是全木结构，是两宋时期的杰出工匠喻皓亲自主持建造的。佛宫寺中的殿宇、厅堂经兵火战乱和强烈地震大部分都已经损毁，唯独这座全木结构的古塔至今依然屹立在古老的黄土高原上。

应县木塔在中国古塔中是最出类拔萃的，在建筑工艺方面更是世界之最。这座木塔共有九层，高达67.3米，塔的平面是八角形，底层直径30.27米，体形极为宏大。

应县木塔每一层塔檐都修建了外挑的平座和走廊，并设计了精美的梁坊、斗拱和栏杆。木塔造型优美的塔身、塔顶和塔刹，显示出一种顶天立地的挺拔气势。

应县木塔采用了与现代建筑结构中的圈梁非常相似的特殊建筑结构，使整座木塔形成了一个整体。从而保证了木塔的坚固性。塔中装有木质楼梯，人们可以沿楼梯直达塔顶。由于木塔的每层都相当高，游人每登上一层楼，放眼四周都会有不同的景观。

最奇妙的是，整座木塔的全部构件都是斗拱和梁柱穿插而成，没有用一根铁钉！整座古塔的全部构件都做到了最优化选择，因此，这座将近千年的古代木塔至今仍傲然矗立在三晋大地上。

最有趣的是，每当大风吹来的时候，整座木塔便会微微摇动，并发出吱吱哑哑的响声，给人一种木塔似乎要倾倒的错觉。科学研究表明，正由于木塔受到外力后产生的微微摇动，才有效化解了外力对木塔的损坏，创造出了这座古代木塔"以柔克刚，千年不倒"的奇迹。

应县佛宫寺释迦塔

美丽如虹的桥梁

宋、辽、金都修建了多座坚固耐用、造形优美的桥梁，在世界桥梁史上写下了光辉的一页。

这个时期的桥梁，可以分为两大类：木桥和石桥。由于石桥相对比较坚固，保存下来的比较多，而那个时代的高超的木桥建造技术，只能从相关的书籍和绘画中进行研究和欣赏了。

《 精致优美彩虹桥 》

由于两宋时期土木建筑技术非常先进，因此，有一些非常重要的桥梁也是木质结构的。但是，因为木桥的寿命有限，大都没能保存下来。我们今天能够看到的最古老、精美的木桥就是横跨在汴河上的虹桥了。然而，也只能从北宋张择端的名画《清明上河图》中才能欣赏到。

从张择端的画中可以看出虹桥的桥拱是用木梁纵横搭置、相互交叠构成的。这种被后人称为"虹梁结构"的桥拱有三个重要特点：

第一，桥拱的构造简单、造型优美，建造施工容易。

第二，构件合理、连接紧密，整座桥结构十分坚固。

第三，这种精巧的"虹梁结构"可以用不长的构件建造跨度很大的桥拱。从张择端画中可以看出这座虹桥跨径最少在20～30米以上，但是，最大尺寸的木料只有8米长。

从张择端画中可以看出这座虹桥的拱券很薄，拱径尺寸却非常大，横跨在汴河上显得轻盈秀美，宛若一道亮丽的长虹。

《 无比壮观洛阳桥 》

洛阳桥也叫万安桥，横跨在泉州城北洛阳江的入海口上，桥以江得名，所以叫洛阳桥。

洛阳桥是北宋皇祐五年（1053年）开始修建的，直到嘉祐四年（1059年）才完工。这座长桥是北宋名臣、大书法家蔡襄亲自主持修建的。前后共用了六年时间，花费了一万四千多两白银，

据文献记载，古洛阳桥全长360丈，宽1.5丈，共有47个桥孔。桥的两侧有500个石雕扶拦，28尊石狮，还有7亭9塔点缀其间，整座桥极为壮观。

洛阳桥的建造非常巧妙。由于这座桥位于江海的交汇处，海潮汹涌、水深流急，给施工带来了极大的困难。为了抵御海潮与江水的夹击，主持建桥的工匠决定先用大石块修筑一条宽25米、长500多米的

"筏形桥基"，然后，在这个石头桥基上修建洛阳桥。

洛阳桥的桥基也是由抛入江中的石块构成的，怎么可能经受得住海浪和江潮的冲击呢？施工人员采用了巧妙的"种蛎固基"法：在修好的桥基上放养了大量的牡蛎，由于牡蛎有着十分强大的繁殖力和附着力，很快就把分散的石块胶结成了牢固的桥基。

洛阳桥不仅为从泉州北上的人员往来、货物运输带来了极大的通行便利，而且成了古泉州城最美丽的风景名胜。蔡襄亲自书写的《万安桥记》碑石，至今完好地保存在桥南的蔡公祠中，供游人和书法家们观赏。

《 天下最长安平桥 》

我国现存古代最长的石桥，还不是洛阳桥，而是福建的安平桥。安平桥横跨在晋江市和南安市之间的海湾上，这座古石桥长达五里，所以，当地人也称这座长桥为五里桥。

安平桥始建于南宋绍兴八年(1138年)，是我国现存最长的跨海港石桥，也是当时世界上最长的石桥，还是我国第一批全国重点文物保护单位。

据古代文献记载，安平桥全长2070米，有桥墩361个。桥墩都是用花岗岩石条横直交错叠砌而成，有3种不同形式：长方形、单边船形、双边船形。单边船形一端成尖状，另一端为方形，设于水流较缓的地方；双边船形墩，两端成尖状，便于排水，设在水流较急的主港道。桥面用4～8条大石板铺架。石板长5～11米，宽0.6～1米，石板厚0.5～1米，重达4～5吨，最大的达25吨。

由于桥身太长，人们还在桥上修建了五座亭子，供过桥的人休息。东端为水心亭，西端为海潮庵，中部的中亭规模最大，面宽10米，周围保存历代修桥碑记16方。亭前伫立两尊护桥将军，身着甲盔，手执宝剑，雕刻形象威武，是宋代石雕艺术品。在三个桥亭中间，还有两座风雨亭。

桥面两侧有石护栏，栏柱头雕刻狮子、蟾蜍等动物。桥两侧的水中建有4座对称的方形石塔，桥的入口还建有1座白塔，高达22米。

由于安平桥是当时最长的石桥，因此，以"天下无桥长此桥"闻名于世。

晋江安平桥

安平桥是南宋富商黄护捐资三万缗钱修建的。这座长桥是1138年开工修建，1152年完工的，前后历时十五年。当时金国入侵，徽、钦二帝被掳，宋王朝刚刚迁都临安。在国家多难之际，民间能够修建起工程如此浩大的"安平桥"完全归功于海外贸易的繁荣。

修建安平桥的富商黄护是晋江安海镇人，生于北宋哲宗元祐元年（1086年）。黄护博览群书，爱好书法、热心公益事业。1138年，黄护捐资三万缗钱修建"安平桥"，1144年，工程进行到一半时，这位长者不幸病逝，被封赠"晋江县尉"。黄护去世后，他的儿子黄逸继承父志，继续修建这座长桥，直至1152年才全部完工。

现在居住在安海镇桐林村的黄氏宗族就是黄护的后裔，奉黄护为先祖。明代抗清名将郑成功的祖母和伯祖母都出自安海黄氏家族，郑成功和母亲从日本归国后曾长期居住在晋江安海镇。

世界闻名的卢沟桥

在宋、金、辽时期修建的古代石桥中，名气最大、最为秀美的是位于北京西南郊永定河上的卢沟桥。

南方的两座长石桥都是石礅桥，而卢沟桥的结构完全不同，是一座连拱石桥。卢沟桥全长265米、宽约8米，共建有11个孔，每孔的跨距达16米。卢沟桥的结构坚固紧密，造形宏伟壮观，是我国保存至今最古老的连拱石桥。

早在战国时期，卢沟河渡口就是燕蓟的交通要冲与兵家必争之地。1153年，金朝定都燕京（在今北京市宣武区西）之后，建在卢沟河上的浮桥就成了南方各省进京的必由之路和燕京的重要门户。

卢沟桥是金大定二十九年（1189年）六月开始修建的，明昌三年（1192年）三月完工，前后用了三年时间。由于永定河古时候叫"卢沟河"，所以这座古老的石桥就被称作"卢沟桥"了。"卢沟晓月"从金时期就成了著名的"燕京八景"之一。

卢沟桥精美绝伦。桥两侧的石雕护栏有140条望柱，柱头上雕刻的石狮子生动有趣、神态各异，虽然数量只有数百个，但是，游人却很难数得准确。为什么会这样呢？

原来，望柱上的小狮子有的趴在大狮子肩上，有的躲在大狮子怀里，有的藏在大狮子的肘边，无论多么仔细，总要漏掉几个。因此，如果有十个游人同时去数桥上的狮子，总会数出十个完全不同的结果。所以，老北京人在表达难以计数的东西时总喜欢说："卢沟桥上的狮子——数不清。"

北京不仅曾经是金、元、明、清的故都，而且是中华人民共和国的首都，加之卢沟桥处于北京西南的交通要道上，因此，尽管它在数百年前就已经成为京城重要的名胜古迹。但是，直到二十世纪七十年代中叶，这座古桥仍然是北京经由河北南下的必经之路，承担着极其繁重的载荷。直到七十年代末，居住在北京西南郊区的人们乘公交车往返北京市区时，仍然要从这座古桥上经过。八十年代初，为了保护这座驰名中外的古桥，才开始限制大型车辆通行。

事实上，卢沟桥——这座已经横跨在永定河上达800多年的古桥，至今仍然是世界上最坚固的桥梁之一。

世界闻名的卢沟桥

名贵 瓷器传世界

公元前 2 世纪，当美丽的中国丝绸传入地中海周边国家的时候，西方人称呼"中国"为"Seres"——赛里斯（在古希腊语中"Seres"的意思就是"中国"，同时也是"丝绸"）。

现代英语词汇里"中国"被译为"China"。这个单词同样也有另外一个意思——"瓷器"。最初，瓷器只是人们日常生活中的普通器皿。从北宋开始，造型典雅、色彩艳丽的瓷器实现了一个漂亮的转身——变成了皇亲国戚、高官显贵装点居室、收藏赏玩的艺术珍品，并且开始大量出口海外。

　　两宋时期，为了满足海外出口的需要，瓷器的器型越来越典雅，釉色越来越精美。其中以"汝、钧、官、哥、定" 五大名窑烧制的瓷器最受欢迎，很快就名扬海内外了。两宋以后，这五大名窑的瓷器都成了世人争相收藏的名贵艺术珍品。

汝窑青瓷

　　在宋朝五大名窑中，汝窑排在第一位。汝窑就是汝官窑——是北宋官方设立的窑场，主要为皇宫烧制御用瓷器。由于汝窑存在的时间短，烧制的瓷器数量很少，而且极为精美，因此，在宋朝五大名瓷中名列第一。

　　汝窑的窑址在河南汝州附近，所以称为汝窑。汝窑主要烧制青瓷，釉色非常美丽。据传说，汝窑的工匠们在釉色中添加了名贵的玛瑙，所以才烧制出了"色如天青，润如宝玉，莹如堆脂，扣声如磬"的瓷器珍品。

　　汝窑瓷器不仅釉色润泽，而且产生了多种美丽的色彩。最常见的有天青、粉青、豆青、虾青、葱绿和天蓝。其中，天蓝色最受人们珍爱，后人形象地称这种釉色为"雨过天晴云破处"。

　　汝窑的工匠们一方面采用了南方越窑的釉色，另一方面吸取了北方定窑的印花技术。所以，汝窑瓷器的工

汝窑青瓷

艺水平很快就超越了南方青瓷，成为名闻天下的艺术珍品。

汝窑瓷器胎质细腻，胎骨坚硬。在烧制过程中，由于胎体和釉面的膨胀系数不一致，所以，汝窑瓷器的釉面大都带有开裂的纹片，也就是瓷器收藏家们所说的"开片"。由于汝窑瓷器深受世人喜爱，这种在烧制过程中产生的缺陷后来还成了汝窑瓷器的特色呢！

汝窑青瓷

因为汝窑是官方设立的，因此烧制出来的上等瓷器首先供皇室宫廷选用，只有不合格的残次品才允许在市场上出售。因此，汝窑烧制出来的瓷器流传民间的非常稀少，在市场上极为罕见。

据统计，宋代汝窑瓷器流传在世的总共只有几十件，大部分收藏在北京故宫博物院和台北"故宫博物院"。宋代汝窑瓷器流传海外的数量很少，私人藏品就更加难以寻觅了。

汝窑作为北宋的官方窑场只存在了20年左右，因此，汝窑瓷器的传世量非常稀少。这也是汝窑被列为五大名窑之首的重要原因，也许这就是收藏界常说的"物以稀为贵"吧！

《 钧窑釉变 》

钧窑也是北方瓷窑，比汝窑兴起的时间晚一些。钧窑的窑址在河南省禹县附近。北宋时期，禹县属钧州管辖，所以称为"钧窑"或"钧州窑"。钧窑和汝窑一样主要烧制青瓷，也是专门为宋朝宫廷烧制瓷器的窑场。

钧窑瓷器最重要的特点是釉色非常美。因为钧窑瓷器使用了一种含铜的蓝色乳光釉，所以瓷器的釉色青中带红，有如蓝天中的晚霞，其美丽程度无与伦比。

钧窑的窑室结构也很特殊，是一个横向的长方形，并列着两个双乳状火膛。东火膛有直径为22厘米的圆形气孔，西火膛有窑门，还有一个方形的烟囱。这种窑室结构的优越性是在烧制过程中可以充分利用氧化，以便烧出美丽的"窑变彩釉"。

由于钧窑专门生产宫廷御用瓷器，因此，钧窑瓷器的器型也比较特殊。主要是达官显贵们使用的尊、钵、奁、洗、炉和花盆等。钧瓷胎质细腻、坚硬，釉色也突破了纯色釉的范围，发展成了五彩缤纷的多色釉。

均窑釉变

窑变彩釉在宋代以前虽然出现过。但那只是偶然出现的，并不是人为的。到了北宋时期，钧窑的工匠们已经完全掌握了窑变彩釉的技巧。所以，钧窑生产的瓷器釉色绚烂多彩、气韵非凡，在宋瓷中堪称一绝。

钧瓷彩釉有玫瑰紫、海棠红、茄色紫、梅子青、深紫、天蓝、朱砂红、胭脂红等多种釉色。其中，以胭脂红为最美。遗憾的是，钧瓷中的"胭脂红釉"配方早已失传，至今仍然无法仿制。

《 定窑白瓷 》

定窑的窑址在河北曲阳，曲阳在宋代属定州，所以被称为定窑。

定窑是宋朝规模最大的窑场，存在时间也比较长。定窑创建于晚唐，兴盛于北宋，元朝才开始衰落。定窑与汝窑和钧窑不同，主要生产白瓷，偶尔也烧制几件精美的黑釉、酱釉和绿釉瓷器。这三种彩釉瓷器非常名贵，在文献中被称为"黑定""紫定"和"绿定"。

定窑白瓷

定窑在唐朝主要生产碗，到了宋代，器型逐渐丰富起来，碗、盘、碟、盒和瓷枕都很常见，同时也烧制净瓶和海螺等佛前的供器。定窑瓷器胎体薄而轻，质地坚硬，颜色洁白；由于在烧制时口沿大多不施釉，收藏家们称为"芒口"。直到今天"芒口"还是鉴定定窑瓷器的重要依据。

定窑瓷器以刻花、印花的白瓷名传海内，对后世瓷器生产影响非常大，从大江以南到黄河以北，各地窑口都曾争相效仿。

定窑白瓷

定窑白瓷的刻花工艺吸取了唐代越窑的浮雕工艺，大大增加了纹饰的立体感；定窑白瓷的印花工艺也十分先进：工匠们用黏土制成模型，雕刻出细致的花纹图案，然后经素烧制成印模，再印制在瓷器的胎面上，极为精巧、美丽。

由于宋代定窑白瓷施釉薄而透明，不仅印花、刻花容易透露，连胎色也能显现在外面，因此，被后世瓷器收藏家们认定为瓷器中的珍品。

宋代定窑白瓷的刻花装饰以花果、莲鸭、禽鸟、云龙等为主，印花样式更加丰富多彩，不仅有牡丹、莲花、梅花、菊花、萱草等各种美丽的花卉，而且有龙凤、鸳鸯、狮子等象征吉祥的动物图案。

定窑最初虽然是民窑，但是由于烧制工艺先进，在北宋后期也曾经为宫廷烧制各种器物。由于定窑白瓷画面严谨对称，工整素雅，因此，被历代收藏家视为不可多得的珍品。

《 龙泉青瓷 》

在宋代五大名窑中，汝窑、钧窑和定窑都在北方，只有哥窑——龙泉窑的窑址在江南，位于今浙江省与福建省交界的龙泉县。

早在晚唐和五代时期，浙江的余姚一带就已经形成了以烧制"秘色瓷"闻名的越窑瓷器。唐代茶仙陆羽在《茶经》中就已经把越窑瓷器列为上品。

北宋时期，龙泉窑开始取代越窑，成为"江南第一"的窑场，并进入五大名窑的行列。宋朝南迁之后，龙泉青瓷达到了鼎盛时期。

龙泉青瓷在南宋时期的兴盛有着十分重要的原因：

第一，北宋灭亡，全国政治、经济、文化中心开始南移，人口大量南迁。由于北方的汝窑、钧窑、定窑都已经毁于战火，许多制瓷工匠迁到江南。

哥窑瓷器

第二，南宋海外贸易非常发达，大量瓷器出口海外。商业上的竞争使得龙泉青瓷在质量上和产量上都出现了重大飞跃。

龙泉青瓷以章氏兄弟烧制的瓷器最为精美，名传天下。

据传说，章氏兄弟是亲哥儿俩，哥哥名叫章生一，弟弟名叫章生二。兄弟俩在龙泉分别建立了自己的窑场。哥哥章生一的瓷窑叫"琉田窑"，也称为"哥窑"；弟弟章生二的瓷窑名叫"龙泉窑"，也称为"弟窑"。

哥窑的瓷器纯朴古雅，做工精巧，釉层大都有碎裂纹——"开片"，被视为稀世珍品。弟窑的瓷器是白胎青釉，釉色比哥窑还要纯正，有梅子青、月白、翠绿、粉青等许多品种。由于弟窑瓷器釉层非常厚重，摸上去有一种玉的感觉，因此，后人称赞弟窑瓷器"紫口铁足，以无纹者为贵"。因为弟窑通常被称为"龙泉窑"，所以哥窑被单独列了出来。尽管哥窑和弟窑的瓷器各有不同的特征，其实都属于龙泉青瓷。

龙泉青瓷吸取了南、北两地的制瓷工艺，采用划花、刻花、篦花、印花、贴花、填白等多种方法对瓷器进行装饰。因此，南宋时期，龙泉窑烧制出来的瓷器非常典雅，后人始终难以模仿。

龙泉青瓷

龙泉青瓷常采用特殊的贴花工艺：先把胎泥印压成各种片状的图案，然后，再蘸泥浆贴在器物的胎上；由于这部分大多不施釉彩，器物烧成后总是呈现自然的紫红色，这就是龙泉青瓷特有的"青釉红彩"。

龙泉青瓷有时还采用填白工艺：用毛笔蘸紫金土在已经上过釉的胚

胎上规则地点上瓜子大小的点，瓷器烧成后呈赭石色，极为典雅。

南宋晚期，龙泉青瓷釉的配方开始发生大变化，白胎青瓷釉中釉灰的用量减少，釉层的厚度增加，由于釉层厚而不流，因此，烧制出来的瓷器具有浑厚饱满的艺术之美。

业内人士普遍认为，南宋晚期龙泉青瓷中的"粉青"和"梅子青"釉已经达到青瓷釉色最美的顶峰，几乎可以与碧玉、翡翠相媲美。

《 宋代官窑瓷器 》

宋代官窑瓷器是个非常复杂的问题，至今还没有定论呢！所谓"官窑"指的是由朝廷控制的官办瓷窑，专门烧宫廷、官府用瓷。因此，有的学者认为两宋时期的所谓"官窑"纯属"子虚乌有"根本就不存在。

然而，官窑始于宋代是有史可查的。据文献记载，在不同的历史时期，官窑有不同的窑址，烧制的也是不同的瓷器，而且有北宋官窑和南宋官窑之区别。

北宋官窑也称汴京官窑。相传，在北宋政和、宣和年间，官方曾在汴京附近设立窑场，专门烧制宫廷用的瓷器，这就是北宋官窑的来历。

汴京官窑的瓷器胎质细腻，胎釉都纤薄如纸，釉色有月白、粉红、灰釉和绿釉等品种，器型除碗、盘、碟等日用器皿外，还有仿商周青铜器的尊、鼎、炉、觚等陈设瓷和祭祀用的礼器瓷。不久，由于北方金兵入侵，汴京失陷，北宋官窑的历

北宋官窑瓷器

史也就随之终结了。

但是，因为北宋汴京遗址早已深埋地下，直到今天，并没有发掘出官窑的遗址。所以，学术界有人提出：北宋的官窑就是汝窑，也就是人们常说的"汝官窑"。

北宋官窑的窑口究竟在何处？长期以来始终是一团迷雾。直到上个世纪80年代，考古学家们才解答了这个重大历史悬案。

考古学家们对汝窑遗址先后进行了五次发掘，出土了大量与传世官窑瓷器完全相同的瓷器和瓷器碎片，还

南宋官窑瓷器

出土了世间从未出现过的镂空香炉、天蓝釉刻花鹅颈瓶等珍贵的官用瓷器。因此，学术界得出结论：汝窑就是北宋官窑。

相传，南宋在杭州凤凰山南麓乌龟山的郊坛设有官窑，史称"郊坛下官窑"。

南宋官窑瓷器的釉色有粉青、灰青、淡青、月白、米黄等许多品种。由于南宋官窑瓷器的器口施釉比较稀薄。微露紫色，而足上呈现赤铁色，所以有"紫口铁足"之称。

因为杭州一带的土质比较差，南宋官窑瓷器的胎质一般比较疏松，所以釉面上大多带有自然形成的美丽花纹——"开片"。因此，瓷器收藏家们在鉴定南宋官窑瓷器时历来就有"无片不成官"的说法。

这些"开片"，有的像冰花，被历代瓷器收藏家们称为"冰裂纹"；有的像梅花，被称为"梅花片"；也有的像蟹爪，被称为"蟹爪纹"。

尽管这些美丽的"开片"影响了瓷器本身的坚固程度，但是，作为装饰图案却非常美丽、典雅，所以深受后人的推崇。

南宋官窑瓷器将流畅简练的造型和精美润泽的釉色和谐统一在一起，达到了中国古代瓷器生产的顶点。在中外古董市场上，南宋官窑瓷器始终都是中国古代瓷器中最珍贵、最稀少的精品。

三大名瓷有盛名

两宋时期制瓷业非常发达，除了专为皇家烧制瓷器的"五大名窑"之外，其他窑场烧制的瓷器也相当出色，尤其以磁州窑、耀州窑、景德镇窑最为有名。这些地方生产的瓷器也同样被后世的瓷器收藏家们所珍爱。

磁州窑瓷器

磁州窑是我国古代北方最大，也是最著名的民间瓷窑。磁州窑的窑址在河北邯郸磁县的观台镇、彭城镇一带。由于磁县在宋朝称为磁州，所以得名"磁州窑"。

据学者考察，磁州窑历史绵长久远，早在北宋中期已经达到鼎盛时期，后历经南宋、辽、金、元、明、清，直到近代仍在烧制瓷器。磁州窑传世器物相当多，也十分精美，为历代收藏家所珍视。

由于宋代磁州窑是民窑，瓷器的产量非常大，造型也十分丰富。磁州窑以民间日常用瓷为主，同时也生产少量的文具、玩具、娱乐用品及各种瓷塑。

磁州窑所产瓷器的器型非常丰富，有盘、碗、碟、盏、壶、罐、瓶、钵、盆、缸、盂等多种器物，仅瓶一项就有玉壶春瓶、花口瓶、卷

口瓶、梅瓶等多种样式。除此之外，还生产水盂、笔洗、灯、炉、盖盒以及樽、奁等仿商周古铜器式样的瓷器，尤其以多种多样的瓷枕最具代表性。

磁州窑所产瓷器最突出的特点是大件器物淳朴粗犷、极有气魄，小件器皿制作精美、古朴端庄。

瓷枕始见于隋，最初只是用于陪葬，唐代大多是医用脉枕，体轻形小。到了宋代，人们逐渐认识到瓷枕清凉去暑的特性，于是开始把它作为驱火明目、延年益寿的夏令用品，开始大量生产。磁州窑的瓷枕品种繁多、形式新颖别致，有长方形、腰圆形、花瓣形、鸡心形、六角形、八方形、银锭形、娃娃形、虎形等多种样式。

宋代磁州窑的装饰技法突破了当时流行的五大名窑的单色釉局限，使用了数十种丰富多彩的装饰技法。磁州窑的匠师们吸收了传统水墨画和书法艺术的技法，创造了具有水墨画风格的白底黑绘装饰艺术，将陶瓷器物提到了一个新的艺术境界。

磁州窑器物上的动物图案、人物图案以及常见的婴戏图更是格调清新、生动传神，具有极强的艺术感染力，常见的图案有童子钓鱼、池塘赶鸭、熊戏、马戏等多种。

磁州窑所产的瓷器将陶瓷技艺和美术有机地融合在一起，开创了我国古代陶瓷艺术的新纪元。磁州窑由于目前的存世量很少，所以它的历代产品都已经成为国内外的珍稀藏品。

《 耀州窑瓷器 》

宋代耀州窑生产的瓷器也非常有名。耀州窑的窑址在陕西铜川境内，遗址南北长约5千米，宽约2千米，以黄堡镇为中心，由多个窑口组成。由于黄堡镇在宋代属耀州管辖，所以在古代的文献记载中，把这一

宋代磁州窑烧制的瓷枕

带烧制瓷器的窑场统称为"耀州窑"。

耀州窑以烧制青瓷著称于世，在中国古代南、北两大青瓷窑系中，耀州窑代表着北方青瓷艺术的最高成就。耀州窑生产的瓷器，普遍釉色苍翠深沉，造型古朴庄重，构图生动清丽，纹饰富丽多姿。

耀州青瓷有碗、盘、瓶、罐、壶、钵、香炉、香熏炉等多种器物。宋代晚期的耀州青瓷最为优秀：胎薄质坚，釉面光洁匀静、色泽青幽，几乎呈半透明状，十分淡雅、清丽。器物上大多装饰有刻花、印花图案，结构严谨丰满，线条自由流畅。纹饰、图案种类繁多，常见的花卉图案有牡丹、菊花、莲花，动物图案有鱼、鸭、龙凤，构图清新健美，生动有趣。

耀州窑青瓷与南方青瓷相比各具特色：南方青瓷青翠明丽、滋润丰盈，而耀州青瓷以厚重沉稳的釉色、粗犷流畅的线条、古朴端庄的造型给人以一种豪迈之感。

宋朝耀州窑瓷器

《 景德镇瓷器 》

景德镇是两宋时期崛起的重要瓷器

产地，现在已经成为中国的瓷都。景德镇在宋代以前的地名叫昌南，北宋真宗景德年间（1004—1007年）因生产瓷器变得非常繁荣，因此，改名为景德镇。

景德镇成为瓷都不是偶然的，有三个有利条件：

第一，景德镇周围有丰厚优质的高岭瓷土。

第二，景德镇南山有十分丰富的柴薪资源。

第三，景德镇紧靠长江，水利运输非常方便。

两宋时期，景德镇的瓷器是"官监民烧"，朝廷专门派人监督制作。景德镇最早生产的瓷器是青白瓷，就是今天人们常说的"影青瓷"。影青瓷釉层薄，釉面呈青白色调，十分柔美；比定窑的乳白釉略显青绿，比龙泉窑的梅子青、粉青又略显莹白，同时具有两者的优点，算是后来者居上。

两宋时期，景德镇最有名的窑口是湖田窑，湖田窑位于景德镇的湖田村，所以得名"湖田窑"。湖田窑的影青瓷最有名，器型有碗、盘、盒、瓶、壶、罐和枕等许多种类。宋代湖田窑影青瓷的釉色也非常美，像湖水样呈淡绿色，纹饰图案也非常美，有龙纹、凤纹、婴戏纹、海水纹、缠枝花纹等。并采用了刻花、划花、印花等多种装饰技法。

从北宋中期开始，景德镇瓷器的生产规模开始不断扩大，工艺也不断完善。到了南宋时期，景德镇生产的影青瓷已经由半透明釉发展到半透明胎，很快就达到了两宋制瓷工艺的最高水平。

这也是景德镇在两宋以后逐渐发展成我国制瓷中心的重要原因。

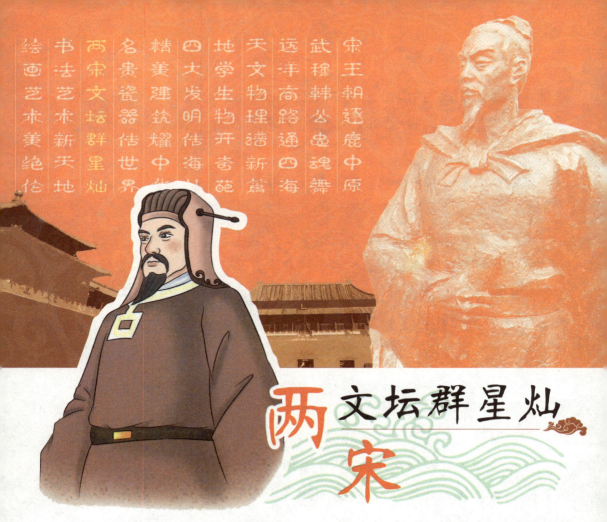

绘画艺术美绝伦
书法艺术新天地
两宋文坛群星灿
名贵瓷器佑世
精美建筑传中华
四大发明传世苗
地学生物开奇葩
天文物理谱新篇
远洋商路通四海
武穆韩公忠魂舞
宋王朝逐鹿中原

两宋 文坛群星灿

两宋时期的文坛上人才辈出，"唐宋八大家"只有韩愈、柳宗元出自盛唐，其余的六位欧阳修、苏洵、苏轼、苏辙、曾巩、王安石都出自宋代。

在北宋建立前，文坛上空洞无物、虚浮奢华的骈文备受推崇，诗坛上外表华美、内容空泛的诗歌备受赞扬。直到宋代，这种华而不实的文风才出现了重要转变。

北宋的诗文改革归功于两个重量级人物：诗文改革的先驱是抗击西夏的名臣范仲淹，紧随其后的领军人物就是北宋重臣欧阳修。

范仲淹开创新篇

范仲淹（989—1052年）是北宋初年著名的军事家、政治家和文学家。为了富国强兵，范仲淹在政治上推行了"庆历新政"，在文学上也提出了"兴复古道"的重要建议。

范仲淹的文章写得相当好，在后人辑录的《范文正公集》中，有许多脍炙人口的名篇，其中最著名的是《岳阳楼记》。

北宋诗文改革的先驱是名臣范仲淹。范仲淹虽然没有被列入"唐宋八大家"之中，但是，他在中国文学史上占有很重要的地位。

《岳阳楼记》是宋代散文中以情写景，同时又借景寓情的名篇。

文章开头，范仲淹首先对浩瀚如海的洞庭湖胜境进行了非常生动的描述："衔远山，吞长江，浩浩汤汤，横无际涯；朝晖夕阴，气象万千。"

岳阳楼

范仲淹不仅是推行"庆历新政"的重要改革家，也是抵御西夏入侵的边塞名将，还是第一个打破了宋词闺阁风气的重要词人呢！

范仲淹

作者只用了22个字，就把洞庭湖的美景和吞吐长江的宏伟气势完全展现了出来，引领读者走进了一幅壮丽、恢宏的水墨丹青之中。

作者首先描述了在阴雨连绵的天气，洞庭湖令人心情抑郁的景色："阴风怒号，浊浪排空；日星隐曜，山岳潜形……"作者认为，在这样的坏天气，如果登岳阳楼观赏景色，人就会产生"感极而悲"的心情。

接着，作者又描述了在风和日丽的好天气，洞庭胜境那令人陶醉的美景："上下天光，一碧万顷；沙鸥翔集，锦鳞游泳；……渔歌互答，此乐何极！" 作者认为，在这么好的天气，如果登岳阳楼观赏景色，人也会产生心旷神怡的好心情。

文章结尾，是点睛之笔：作者登上岳阳楼观赏景色，丝毫不为眼前的景色所感动，既没有"感极而悲"的坏心情，也没有"心旷神怡"的好心情。而是借景抒情，表达了内心深处"以天下为己任"的崇高思想境界："居庙堂之高则忧其民；处江湖之远则忧其君；是进亦忧，退亦忧。"

那么，什么时候才能不忧，才能快乐呢？范仲淹给出了最好的答案："先天下之忧而忧，后天下之乐而乐。"这是多么宽广、多么无私的胸怀啊！

中华文明故事

范仲淹从1040年开始担任陕西经略副使，率军抵抗西夏的入侵，描述亲身经历的边塞战事，让范仲淹第一个打破宋词的闺阁风气，写出了名传千古的边塞词曲《渔家傲·塞下秋来风景异》。

这首词全文如下：

塞下秋来风景异，衡阳雁去无留意。

四面边声连角起，千嶂里，长烟落日孤城闭。

浊酒一杯家万里，燕然未勒归无计。

羌管悠悠霜满地。人不寐，将军白发征夫泪。

这首词意境深远。前半阕写的是远景：描述了边塞秋天荒凉萧瑟的景色，以大雁南归无一丝留恋之意，衬托守边将士的思乡之情。接着词人把悲壮的号角、重叠的群山、落日长烟中的孤城描绘成了一幅悲壮的画卷，似乎悲壮的号角声正在耳边缭绕，重叠的群山中，城门紧闭的孤城笼罩在落日的长烟之中。后半阕写的是近景：守边的将士一边喝着混浊的土酒，一边想念着遥远的家乡。在那寒霜满地、羌笛哀怨的夜晚，人们久久不能入睡。领兵的将军已经愁白了头发，戍边的征夫因为无法还乡而流下了伤心的泪水。

我们读范仲淹的这首《渔家傲》，眼前立即会浮现出那长烟落日的景色，那重重叠叠的山峰和四门紧闭的孤城。这首词以高超的艺术手法、深沉的思想境界远远超越了前人。

欧阳修统领群英

北宋诗文改革的先驱范仲淹掀开了文学史上的新篇章，紧随其后作出重大贡献的是欧阳修。

欧阳修（1007—1072年），字永叔，号醉翁，江西永丰人。欧阳修

欧阳修

不仅是名列"唐宋八大家"的文学巨匠，而且是支持变法的北宋名臣。

欧阳修诗词、文章写得都相当好，而且与社会现实紧密相联。著名的《与高司谏书》就是一篇感情充沛、爱憎分明的政论文章。在这封书信中，刚刚步入仕途的欧阳修充分展现了自己血气方刚、正气凛然的风采。

事情的起因是范仲淹因为向皇帝上了一道《百官图》，批评宰相吕夷简任人唯亲，结果被贬到江西任地方官。朝中正直的官员对范仲淹都出言支持，而身为专职"谏官"的高若讷，不但不为范仲淹辩护，反而趋炎附势地攻击范仲淹的为人。欧阳修对这位伪君子极为不满，就写了这封著名的《与高司谏书》。

欧阳修在信中说：正直的人，有不屈的节操；有学问的人，能明辨是非。您既有不屈的节操，又能明辨是非，而且当的是专门提意见的官，对范仲淹遭受诬陷却默不作声，能算是贤者吗？然后，欧阳修给这位高司谏下了结论："知道你肯定不是一位君子。"

接着，欧阳修在这封书信中采用了层层揭穿、步步深入的手法剥下了高若讷伪装的面具，把他的丑恶嘴脸完全暴露在了世人面前。

在这封书信的最后，欧阳修表达了自己决心与范仲淹同生共死的信念。他大义凛然地对高司谏说："如果你认为范仲淹应该贬斥，那我就是他的朋党，希望把我这封书信上奏朝廷，以便定我的罪。"高司谏实在害怕丢人，只好"哑巴吃黄连"了。

《 以景寓情 》

欧阳修的散文许多是描写自然景色的。表面上是欣赏山水、歌咏园林，其实却隐含着无限的情趣和深刻的哲理。其中《真州东园记》《岘山亭记》《画舫斋记》《醉翁亭记》都是文学精品。

欧阳修的《醉翁亭记》写得很美。以清新的笔调描绘了自己与宾客、百姓在大自然中怡然自得、融洽和谐的情趣："至于负者歌于途，行者休于树，前者呼，后者应……临溪而渔，溪深而鱼肥，酿泉为酒，泉香而酒洌；山肴野蔌，杂然而前陈者，太守宴也。"

这篇《醉翁亭记》描绘了作者被贬滁州以后纵情山水的游乐生活。欧阳修把自己与滁州的山川、百姓完全融为了一体，描绘出了一幅优美、和谐的风景画。文章的最后，作者干脆点明了太守就是自己："醉能同其乐，醒能述以文者，太守也。太守谓谁？庐陵欧阳修也。"

欧阳修在北宋诗文革新中最重要的贡献就是培养和提携后进，王安石、曾巩和"三苏"父子——苏洵、苏轼、苏辙都深得他的赞誉。

王安石经世致用

王安石（1021—1086年），字介甫，江西临川人。因为能力非凡，从地方官一直升到"知制诰、参知政事"，成为北宋重臣。因王安石被封为荆国公，所以也被世人称为王荆公。

王安石是北宋杰出的政治家、思想家和文学家，是著名的政治改革家和诗文革新运动的主将。

王安石

王安石的文章揭露了北宋的社会现实，不仅有很强的说服力，而且有深刻的思想内容。其中最著名的就是写给司马光的《答司马谏议书》。

这篇《答司马谏议书》是一封因"变法革新"写给司马光的回信。文章没有感情用事，没有讽刺嘲笑，没有出言不逊，而是据理力争，对司马光的无理指责进行了有力地驳斥。

针对司马光提出的新法四大弊端"侵官、生事、征利、拒谏"，王安石在信中回答道："我受命于皇帝，在朝廷上议定法度，由专门机构执行，不能算是侵官。实行古代贤君的政策，兴利除弊，不能算是生事。为天下理财，不能算是征利。抨击坏人不正确的言论，不能算是拒谏。"

这篇《答司马谏议书》全文只用了300多个字，就有力地驳斥了司马光3000多字的指责，读起来令人感到淋漓尽致，句句击中了对方的要害。

《 高尚情操 》

王安石在诗歌方面也很有成就。晚年的王安石不仅在格律上精益求精，并且吸收了唐代大诗人王维山水诗的长处。黄庭坚评价王安石的诗："荆公之诗，暮年方妙。"

王安石的《梅花》诗写得非常美，而且寓意深远："墙角数枝梅，凌寒独自开。遥知不是雪，为有暗香来。"在赞颂梅花那种凌霜傲雪的

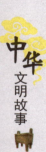

中华文明故事

美丽、坚强气质的同时，也借梅自喻，表达了自己不怕打击、以天下为己任的远大志向。

王安石的诗构思巧妙、意境深远，真实地反映了民间百姓的疾苦。

王安石的《促织》写得非常深刻："金屏翠幔与秋宜，得此年年醉不知。只向贫家促机杼，几家能有一绚丝。"寥寥四句诗清晰地揭示了北宋贫富悬殊的社会现实。

王安石的《河北民》写得更加直白："河北民，生近二边长辛苦。家家养子学耕织，输与官家事夷狄……"边境人民的悲惨生活，朝廷腐败无能、进贡夷狄的丑态都跃然纸上。

读过王安石的《促织》和《河北民》，我们就能深刻理解为什么王安石会鄙夷诗仙李白了。李白身居江湖，他的诗虽然意境浪漫，难免涉及女人和酒；王安石身居相位，他的诗自然清新，必然关系国家安危。特别是王安石因实行革新变法，遭到保守势力攻击。晚年退居钟山，筑半山园，潜心研究诗歌和学术。1086年，司马光掌权，新法全部被废除，王安石忧愤病死。

比王安石稍晚，在诗文改革上作出重要贡献的是"三苏"——四川眉山的苏洵、苏轼、苏辙父子三人。

苏东坡超凡脱俗

北宋时期，苏洵、苏轼、苏辙父子三人都以文才著称，并且同时金榜题名，被后人称为文坛"三苏"。"三苏"都名列唐宋八大家，但是以苏轼名气最大，他的诗词、文章、书法和绘画都享有盛名，对后世文学艺术的发展产生了深刻的影响。

苏洵（1009—1066年），字明允，号老泉，后人称他为"苏文公"。苏洵是文学巨匠，诗词文章誉满天下。他的两个儿子苏轼、苏辙更是"青出于蓝"。他们父子三人在北宋文坛上被称为"三苏"。

《 "三苏" 佳话传文坛 》

苏洵像

苏洵在北宋嘉祐元年（1056年）和两个儿子苏轼、苏辙进京应试。结果父子三人同时金榜题名，当时轰动了整个京师。

苏洵虽然没有做过高官，却是一位很有政治抱负的学者。他最擅长写政论文章。

苏洵在霸州当过地方官。霸州位于北部边境，苏洵针对北宋在军事上的失策，写出了著名的《兵制》。

当年，宋太祖赵匡胤"杯酒释兵权"之后，建立"兵不识将、将不知兵"的军事体制，虽然避免了军事政变，但是也导致北宋政权在军事上非常虚弱。苏洵一针见血地指出：指挥打仗的将军没有兵权，而手握重兵的文官又不会打仗，在战场上怎么能取胜呢。

苏洵还以史为鉴，对北宋王朝的对外策略进行了讽谏，最有代表性的是《六国论》。

在《六国论》中，苏洵以鲜明的论点、有力的论据明确指出了六国灭亡的根本原因就是"赂秦"，并借秦始皇吞并六国的历史，论述了"战则存，赂则亡"的深刻道理，这篇文章文辞并茂、气势宏伟，是文史双绝的杰出作品。

苏洵讽谏宋王朝，如果对待辽国一味采取妥协投降的方法，就会像六国一样，自取灭亡。作者在文章的开头就亮明了观点："六国破灭，非兵不利，战不善，弊在赂秦；赂秦而力亏，破灭之道也。"

苏洵在评论历史的同时，还进行了形象生动的描述："今日割五城，明日割十城，然后得一夕安寝；起视四境，而秦兵又至矣。"文章还引用了战国时期苏代对魏昭王说的原话："以地事秦，犹抱薪救火，薪不尽，火不灭。"向北宋朝廷指明了"赂敌"不过是自取灭亡。

苏辙像

苏洵的文章雄居北宋文坛，而他的两个儿子更是"青出于蓝而胜于蓝"。在文坛上的名气甚至超越了父亲。

苏辙（1039—1112年），字子由，是苏洵的小儿子、苏轼的弟弟，所以人们称他为"小苏"。苏辙写过许多纵谈古今得失的重要文章：《上皇帝书》《北狄论》《三国论》都是针砭时弊、借古讽今的佳作。

"三苏"之中，最受世人推崇的还是苏辙的哥哥苏轼——苏东坡，他的文章和诗词对后世影响也最大。

仕途坎坷志难伸

苏轼（1037—1101年）字子瞻，号东坡居士。苏轼在仕途上很不得志。最初，他主张慎重，反对王安石的新法，因此多次被贬官。他长期担任地方官，非常了解下层百姓的疾苦，当新法被保守派全面废除的时候，他又反对全废，并受到保守派的打击排挤。

由于苏轼对变法采取实事求是的态度，又喜欢仗义执言，因此，无

苏轼像

论改革派上台还是保守派执政，他都是被打击、排挤的对象。然而，也许正是由于仕途不顺，才最终造就了苏轼在文坛上的地位。

《 重实用提倡古文 》

苏轼同欧阳修一样反对高谈阔论、言之无物的文章，明确提出了恢复古人的文风。

苏轼在诗、文、词、赋及书法、绘画等各个领域都有着精深的造诣，但是对宋代理学却很反感。苏轼曾经明确指出了孔孟的原始儒学与宋代理学之间的差别，他在《中庸论》中对理学进行了辛辣的嘲讽，说这些人"相欺以为高，相习以为深。而圣人之道日益远矣"。

在文学的艺术风格上，苏轼不仅提倡文理自然、平易流畅的文风，而且非常重视艺术对现实生活的真实反映。

宋人范正敏的《遁斋闲笔》中记载了这样一个小故事：有人作了一首《竹诗》，让苏轼给看一看，诗中有这么两句："叶攒千口剑，茎耸万条枪。"苏轼非常认真地对这个人说："此竹叶似太少。"这个人怎么也弄不明白，于是，苏轼笑着对他解释说："十竹方生一叶，岂云多耶？"

从文辞的角度看，"叶攒千口剑，茎耸万条枪"对仗是很工整的，以"叶攒"对"茎耸"，以"千口剑"对"万条枪"无可挑剔。但是，在苏轼看来问题可就太大了：十支竹子才能平均生一片叶子，太有悖于生活的真实性了！

〖 论时政寓意深远 〗

苏轼和父亲苏洵、弟弟苏辙一样，也是一流的政论散文大师。由于他主张写文章应做到"言必中当世之过"。所以，在他的文章中，针砭时弊、借古讽今的内容相当多，这也是他屡遭贬斥的重要原因。

苏轼在《平王论》这篇文章中，借周平王东迁的历史事实，对北宋皇室提出了重要的忠告。

历代学者都认为，周平王"东迁"是"明智之举"，是为逃避犬戎的侵扰，周平王也因此被称为"中兴之主"。

但是，苏轼却认为，平王东迁是最大的失误，迁都避寇，是向敌人示弱和退让，也是对国民强烈的精神打击。

苏轼在文章中说："周之失计，未有如东迁之谬者也。"苏轼表面上议论的是周王朝的历史，影射的正是北宋政权妥协、退让的对外政策。没有人在意苏轼的讽谏，然而却不幸被苏轼所言中。

苏轼认识到退让只能让侵略者得寸进尺。因此，他在文章中提出的"全民备战，以防不测"的建议非常有远见，如果北宋政权重视苏轼的建议，不仅"靖康之耻"有可能避免，北宋还可能通过海外贸易转变成发达的经济强国呢！

对于苏轼的观点，明代学者李贽曾经评论说："北狩之事，公已看见，时不用公，可奈之何？"

〖 侠骨柔肠意境深 〗

苏轼在仕途上多次受到贬斥，因此，在朝中的日子少，在山野中日子多。这种特殊的生活经历使他与劳动人民接触日益频繁。在黄州，他亲自耕种土地，同当地的农民建立了密切的情感联系；在杭州，他还带领军民们修筑了著名的苏公堤，西湖十景中的"苏堤春晓"就是苏轼当年的杰作。因此，苏轼所作的诗，深刻地反映了广大劳动人民的疾苦。

苏轼的《吴中田妇叹》，就是反映江南人民苦难生活的代表作。诗中描述了农家收获稻米的艰难和被迫卖米的不幸遭遇："……官今要钱不要米，西北万里招羌儿。龚黄满朝人更苦，不如却作河伯妇。"

这个不幸的农妇因为"官今要钱不要米"陷入了米贱钱贵，无法完税的窘况。最后只有作"河伯妇"，也就是"投水自杀"这一条死路了。作为朝廷官员对百姓能有如此感情，实在是难得啊！

苏轼还写了一首《陈季常所蓄朱陈村嫁娶图》。这首诗真实地再现官府催缴赋税的野蛮情形："我是朱陈旧使君，劝农曾入杏花村。而今风物那堪画，县吏催钱夜打门。"

如果说这两首小诗对时政的嘲讽还比较委婉的话，那么诗人在1095年被贬惠州时所作的《荔枝叹》，则指名道姓地揭露了朝中权贵丁谓、蔡襄等人谄媚取宠的丑恶行径。

这首《荔枝叹》是以荔枝为题的，开头先写了唐明皇宠爱杨玉环，令飞骑为杨贵妃从南方往长安送荔枝的典故："十里一置飞尘灰，五里一堠兵火催。颠坑仆谷相枕藉，知是荔枝龙眼来。"

接着，诗人笔锋一转，嘲讽的矛头毫不隐讳地直接指向了当朝权贵："君不见，武夷溪边粟粒芽，前丁后蔡相笼加。争新买宠各出意，今年斗品充官茶。吾君所乏岂此物？致养口体何陋邪？洛阳相君忠孝家，可怜亦进姚黄花！"

这几句诗，明确道出了北宋君臣的丑态：请看那武夷山九曲溪边初春的茶芽，不正是朝中的权臣丁谓、蔡襄向皇帝邀功、争宠的贡品吗？可怜呀，连洛阳的长官、忠孝钱家的后辈钱惟演，为了邀功争宠，也只好进贡珍贵的"姚黄"牡丹。

苏轼虽然写过不少针砭时弊的诗，但是他写得最多、最好的还是赞

美自然景物和山水风光的诗。这些诗美丽、优雅，艺术性、文学性都非常高。

苏轼有一首赞美西湖美景的《 饮湖上初晴后雨 》最受后人称道："水光潋艳晴方好，山色空濛雨亦奇。欲把西湖比西子，淡妆浓抹总相宜。"自从有了这首诗，文人墨客们就把西湖称作"西子湖"了。

苏轼的词奔放雄浑、豪情万丈。这主要来自于他忧国忧民的远大政治抱负和保境安民的壮志豪情。他也因此被认为是宋词中豪放派的代表人物。

《 雪中填词 》

苏轼的《江城子·密州出猎》就是一首抒发爱国情怀的优秀作品。全篇如下：

老夫聊发少年狂，左牵黄，右擎苍，锦帽貂裘，千骑卷平冈。为报倾城随太守，亲射虎，看孙郎。洒酣胸胆尚开张，鬓微霜，又何妨！持节云中，何日遣冯唐？会挽雕弓如满月，西北望，射天狼。

词的开头"老夫聊发少年狂，左牵黄，右擎苍，锦帽貂裘，千骑卷平冈"生动地描述了身为太守、年过半百的词人亲自驾鹰、牵犬，率领手下千骑出猎的场面，充分表达了作者"聊发少年狂"的勇武心态。接下来"为报倾城随太守，亲射虎，看孙郎"进一步表明了作者决心像三国时的英雄东吴孙权那样亲自弯弓射虎。

这首词的后半阙："持节云中，何日遣冯唐？" 引用了一个典故：希望朝廷能派遣冯唐那样的使臣，召自己回到朝中，为国家建功立业。

这首词的结尾"会挽雕弓如满月，西北望，射天狼"更是淋漓尽致地抒发了作者希望能率领将士亲赴西北，杀敌报国的慷慨之情。全篇借冬天出猎的场面，生动地表达了作者报效国家的壮志豪情。

《 赤壁怀古 》

苏轼填过许多词，但是，最著名的还是那首《念奴娇·赤壁怀古》。词的全文如下：

大江东去，浪淘尽，千古风流人物。故垒西边，人道是，三国周郎赤壁。乱石穿空，惊涛拍岸，卷起千堆雪。江山如画，一时多少豪杰。

遥想公瑾当年，小乔初嫁了，雄姿英发。羽扇纶巾，谈笑间，樯橹灰飞烟灭。故国神游，多情应笑我，早生华发。人生如梦，一樽还酹江月。

这首词的前半阕是对赤壁古战场雄奇景色的生动描写。"大江东去，浪淘尽、千古风流人物。故垒西边，人道是，三国周郎赤壁。乱石穿空，惊涛拍岸，卷起千堆雪。"这两句气势雄浑、风雷激荡，充分表现了作者报效国家的凌云壮志，无论其艺术水平，还是精神境界，都可以说达到了前无古人后无来者的高度。

这首词的后半阕"遥想公瑾当年，小乔初嫁了，雄姿英发。羽扇纶巾，谈笑间，樯橹灰飞烟灭"，短短的28个字，生动形象地再现了风流潇洒的周瑜大破曹兵的英雄形象。这首词的结尾虽有"人生如梦"的感叹，但是，仍然突出了作者"以天下为己任"的豪放激情。

这一年，作者已经年过四十，面对赤壁古战场，多么希望在自己的有生之年能够像三国时期的周瑜那样，在边关为国家建立功业啊！

《 兄弟深情 》

宋人俞文豹在《吹剑续录》中记载了这样一个小故事：

苏轼在翰林院任职的时候，手下有个幕僚喜欢唱曲。苏轼问他：

"我的词比柳永的何如？"幕僚回答："柳郎中词，只好十七八女孩儿，执红牙拍板，唱杨柳岸、晓风残月；学士词，须关西大汉，执铁板，唱大江东去。"

苏轼其实也填写过优美的忏情之作，他在《水调歌头·明月》中表达的兄弟之情也同样动人心魄。全词如下：

明月几时有？把酒问青天。不知天上宫阙，今夕是何年。我欲乘风归去，又恐琼楼玉宇，高处不胜寒。起舞弄清影，何似在人间。

转朱阁，低绮户，照无眠。不应有恨，何事长向别时圆？人有悲欢离合，月有阴晴圆缺，此事古难全。但愿人长久，千里共婵娟。

东坡《水调歌头》

这首《水调歌头·明月》意境非常美，感情非常细腻，尤其是结尾"人有悲欢离合，月有阴晴圆缺，此事古难全。但愿人长久，千里共婵娟"，被后人赞为千古名句。

女词人千古留名

在宋代词人中，婉约派的代表人物首推才女李清照。

李清照（1084—1157年），闺中小字漱玉，自号易安居士，山东济南人。出身书香门第，父亲李格非是著名学者。

李清照的诗、词和文章都有很高的造诣，其中以填词的成就为最李清照所填的词大都收集在后人辑录的《漱玉词》中。其实，李清照不仅是一位杰出的女词人，还工书善画，精通音律，可惜由于南宋时期战乱频繁，她的书法、绘画作品没能保存下来。

李清照

《醉花阴·重阳》。

这首词全文如下：

薄雾浓云愁永昼，瑞脑消金兽。佳节又重阳，玉枕纱厨，半夜凉初透。

东篱把酒黄昏后，有暗香盈袖。莫道不消魂，帘卷西风，人比黄花瘦。

高。后人评价她说："易安格律绝高……两宋词人能词者不少，无出其右矣。"几乎把她放在了两宋词坛之首。

1101年，17岁的李清照嫁给了宰相赵挺之的儿子赵明诚。

赵明诚是宋代著名金石学家，李清照是中国文学史上少有的才女。李清照婚后的生活很充实，在吟诗填词之外帮助丈夫整理金石书画。

《 新婚的幸福 》

李清照的词优美、委婉，因此被大多数学者认定是两宋词坛上"婉约派"的代表人物。

《醉花阴》是李清照早年的代表作。这首词是在她新婚后重阳节菊花开放时所作，所以也被题为

关于这首词还有一个小故事呢！

据说，李清照填好了这首《醉花阴·重阳》给丈夫赵明诚看，赵明诚非常欣赏。年轻人好胜心切，赵明诚三天三夜闭门谢客，填词五十首。然后把妻子的这首《醉花阴·重阳》也夹在其中，拿给好朋友陆德夫品评。

陆德夫品味再三，对赵明诚说："只有三句最佳。"赵明诚问是哪三句，陆德夫回答："莫道不消魂，帘卷西风，人比黄花瘦。"

《 离乱的生涯 》

1127年，发生了"靖康之变"。金兵南下，丈夫赵明诚王命在身，不能顾家。李清照只好携带多年收集的图书文物仓惶南逃。由于战乱频繁，这些书画、文物散失殆尽，夫妻多年的心血，毁于一旦。

更不幸的是，1129年，赵明诚在赴湖州上任时去世。国破家亡给了李清照残酷的打击。从此以后，李清照孤身一人，过着颠沛流离的生活。

李清照填写的《武陵春》描述了她晚年的悲凉心境："风住尘香花已尽，日晚倦梳头。物是人非事事休，欲语泪先流。闻说双溪春尚好，也拟泛轻舟。只恐双溪舴艋舟，载不动，许多愁。"

李清照还填过一首《声声慢·秋情》，也是她晚年悲凉生活的真实写照。

这首词通过对深秋萧瑟景色的描写，衬托出了自己凄凉的晚年。前三句连用了七个叠词，充分展示了内心的无限忧伤：

寻寻觅觅，冷冷清清，凄凄惨惨戚戚。乍暖还寒时候，最难将息。三杯两盏淡酒，怎敌他，晚来风急！雁过也，正伤心，却是旧时相识。

满地黄花堆积，憔悴损，如今有谁堪摘？守着窗儿，独自怎生得黑！梧桐更兼细雨，到黄昏，点点滴滴。这次第，怎一个愁字了得！

《 辛辣的嘲讽 》

李清照虽然以填词见长，但诗也相当出色的。李清照的诗在风格上与苏轼的词非常相似，气魄宏大的诗风与其婉约细腻的词风形成了强烈的反差。可惜由于李清照的词写得太好了，"淹没"了她的诗，她的许多优秀诗篇都没能完整地保留下来。

南宋俞正燮的《易安居士事辑》中记载了李清照的残句："南渡衣冠少王导，北来消息欠刘琨。"深刻地讽刺了南宋朝廷南渡后，南方有中兴名臣王导，北方有抗击敌寇的刘琨！而南宋朝廷连王导、刘琨这样的贤臣也没有一个！

李清照的《夏日绝句》写得更加雄浑："生当作人杰，死亦为鬼雄。至今思项羽，不肯过江东。"这首诗虽然只有短短的四句，二十个字，然而，字字如金石，真不知高宗赵构、奸相秦桧如果读到这首诗会

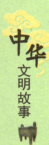

作何感想！

陆放翁壮怀激烈

陆游（1125—1210年），字务观，号放翁，浙江绍兴人。

由于南宋朝廷始终不求进取，偏安一隅。因此，陆游一生都郁郁不得志。

陆游生于战乱之中。山河残破、外敌侵扰，血气方刚的陆游立下了誓死恢复中原大好河山的雄心壮志。因此，陆游的词壮怀激烈、意境宏远。

零落凋残香如故

陆游所填的那首著名的《卜算子·咏梅》，正是他终生不渝、坚持恢复故国山河伟大理想的真实写照。

这首词全文如下：

驿外断桥边，寂寞开无主。已是黄昏独自愁，更著风和雨。

无意苦争春，一任群芳妒。零落成泥碾作尘，只有香如故。

这首词是陆游晚年所作，主要是借咏梅以表达自己坚定不移的爱国立场和高尚的政治节操。

这首词开头"驿外断桥边，寂寞开无主"。它表面上写的是梅花沦落野外，无人欣赏的寂寞处境，实际上映射的正是作者一生热爱祖国、坚持抗金，却得不到朝廷重用的不幸遭遇。

第二句"已是黄昏独自愁，更著风和雨"。写的是梅花在黄昏的风雨之中，遭受冰雪的摧残。反映的正是作者因力主抗金而屡遭打击的仕途生涯。陆游早年，因主张抗金触犯秦桧而被罢黜；晚年，又亲眼目睹了对自己有"知遇之恩"并力主北伐的韩丞相被投降派谋杀的惨剧。

1204年，是陆游最高兴的一年，力主抗金的韩侂胄被加封为军国平章事，准备大举北伐。屈死的抗金名将岳飞被追封为鄂王，大奸贼秦桧被削去了王爵，改谥号为缪丑。陆游虽然已年近八旬，也应韩侂胄之邀前往临安，主持修撰宋史——《两朝实录》。实在是大快人心啊！

可惜好景不长，在投降派破坏之下，韩侂胄北伐失败。1207年，韩侂胄被投降派杀害。陆游盼望多年的北伐最终化为了泡影。

第三句"无意苦争春，一任群芳妒"。正是韩侂胄被害后，陆游面对投降派的忌恨、妒嫉和迫害，表现出的无限蔑视。

结尾"零落成泥碾作尘，只有香如故"。充分表达了词人在逆境中仍然坚持自己的远大理想和高尚情操：即使粉身碎骨，也决不改变自己北伐抗金、恢复故国山河的雄心壮志。可以说，陆游这首《卜算子·咏梅》写的不仅是梅花，更是他自己！

《 生离死别的遗憾 》

陆游《钗头凤》

陆游的一生，遭遇了两大不幸：第一大不幸是由于自己爱国主战，在政治上郁郁不得志；第二大不幸是由于万恶的封建礼教，被迫和心爱的表妹、妻子唐婉分手，留下了终生的遗憾。

据《齐东野语》记载，陆游的结发妻子唐婉是他的表妹。由于唐婉得不到婆婆欢心，陆游最终只得尊从母命和唐婉分了手。

1155年，唐婉与陆游在绍兴

沈园相遇，唐婉后来的丈夫赵士诚为陆游备酒相待。陆游心情非常痛苦，就在沈园的墙壁上留下了一首著名的《钗头凤》：

红酥手，黄滕酒，满城春色宫墙柳。东风恶，欢情薄，一怀愁绪，几年离索。错，错，错！

春如旧，人空瘦，泪痕红浥鲛绡透。桃花落，闲池阁。山盟虽在，锦书难托，莫，莫，莫！

这首词写得感情细腻。词意中生离死别的愁绪让人读起来真的有肝肠寸断之感。据说，唐婉在这次相遇后郁郁寡欢，不久就去世了。

1210年，陆游也在悲愤中离开了人世。这位85岁的老人在临终前仍念念不忘恢复祖国的大好河山，写下了那首催人泪下的千古绝唱《示儿》："死去元知万事空，但悲不见九州同。王师北定中原日，家祭无忘告乃翁。"

辛稼轩慷慨悲歌

辛弃疾（1140—1207年），字幼安，号稼轩，山东历城人。他出生时，家乡已经被金兵占领，由于父亲早逝，他从小随祖父生活。

辛弃疾从小深受祖父爱国主义思想的影响。据辛弃疾回忆，祖父经常带着他登高远眺，痛惜中原的大好河山沦于敌手，并让他前往燕山观察地形和地势，等待时机起兵抗金。

辛弃疾

《 壮岁旌旗拥万夫 》

1161年，在金主完颜亮率军南侵之际，中原地区爆发了大规模的抗金武装起义。不久，整个中原地区就形成了群雄并起、奋力抗金的大好局面。年轻的辛弃疾也在家乡竖起义旗，拉起两千多人的队伍。

当时，在山东、河南一带以耿京率领的队伍实力最强大，为团结对敌，辛弃疾率军投奔了耿京。这年的11月，金主完颜亮在采石矶被虞允文打得大败，金兵全线败退。

耿京的起义军为了归宋，派辛弃疾率十余人渡江与南宋朝廷联络。辛弃疾抵达建康，向高宗皇帝面奏义军准备南投归宋。宋高宗十分高兴，给义军首领加封官爵。

但是，在北归途中，辛弃疾却得到了一个噩耗：起义军将领张安国被金人收买，已经将耿京杀害，并遣散了大部分将士，挟持剩下的人马投降了金国。辛弃疾大怒，亲率五十名骑兵直冲入驻有五万人马的敌营，在中军大帐上活捉了叛徒张安国，然后率领万余名义军勇士渡江归宋。张安国被押至建康斩首示众。

辛弃疾在那首著名的《鹧鸪天》中写道的："壮岁旌旗拥万夫，锦襜突骑渡江初。燕兵夜娖银胡䩮，汉箭朝飞金仆姑。"写的就是当年英雄年少、勇冠三军，率50名骑兵冲入敌营活捉叛将的亲身经历。

然而，令辛弃疾没有想到的是，南宋小朝廷自从虞允文病逝以后，苟延残喘的南宋再也无心收复故国山河了。

辛弃疾率领的上万名义军将士被解除武装，作为南下流民遣散到了各个州县。辛弃疾自己也只是在朝中当了一个小官，满腔的爱国热情被浸入了彻骨的冰水之中。

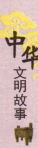

〖 不啼清泪长啼血 〗

南下归宋的辛弃疾热切地盼望着王师早日北伐，收复中原。但是，长期被投降派把持的南宋小朝廷却偏安一隅、醉生梦死，根本无心北伐。

辛弃疾归宋后请缨无路，报国无门，空有凌云壮志，却不能在战场上大显身手，只能以填词作赋抒发自己的情怀。

辛弃疾填有一首《贺新郎》，是他抒发自己内心深处爱国情怀的重要代表作。

前半阕写景色："绿树听鹈鴂，更那堪，鹧鸪声住，杜鹃声切……"

后半阕写心境："将军百战身名裂，向河梁，回头万里，故人长绝。易水萧萧西风冷，满座衣冠似雪，正壮士悲歌未彻。啼鸟还知如许恨，料不啼清泪长啼血。谁共我，醉明月？"

由于南宋小朝廷的腐败无能，这位曾经"壮岁旌旗拥万夫"的抗金名将，只能在"易水萧萧西风冷"中作一只"不啼清泪长啼血"的杜鹃，作雄居南宋词坛的一代宗师了。

〖 赢得生前身后名 〗

辛弃疾有一位最要好的朋友——陈亮。陈亮是南宋著名思想家、文学家和词作家。两人成为知己的重要原因是都力主抗金北伐、收复失地。

辛弃疾因主战被罢官后所作的名篇《破阵子》就是送给这位知己的，在原词的标题下写有一行字"为陈同甫赋壮词以寄之"。

这首《破阵子》是辛弃疾最重要的代表作，全文如下：

醉里挑灯看剑，梦回吹角连营。八百里分麾下炙，五十弦翻塞外

辛弃疾《破阵子》

声，沙场秋点兵。

马作的卢飞快，弓如霹雳弦惊。了却君王天下事，赢得生前身后名。可怜白发生！

辛弃疾这首《破阵子》是宋词中最优秀的作品。此时，作者尽管只能"醉里挑灯看剑""梦回吹角连营"，但是，丝毫没有削弱自己的战斗意志。

《 北伐的最后情结 》

辛弃疾可能做梦也没有想到自己晚年还能为北伐作贡献。

1204年，主战派领袖韩侂胄出任南宋小朝廷的首辅，他上台后狠狠打击了投降派，提拔、重用深受排挤的主战派，并从政治、经济多个方面为北伐作准备。

由于抗金统帅韩侂胄的推荐，1205年，辛弃疾再度被朝廷起用，这位年轻时威震敌胆的勇将，在65岁高龄之际被任命为绍兴知府兼浙东安抚使。

辛弃疾那首著名的《永遇乐·京口北固亭怀古》就是1205年韩侂胄北伐前夕所作。

这首词极有气势，几乎可与苏东坡的《念奴娇·赤壁怀古》相媲美。词的前半阕："千古江山，英雄无觅孙仲谋处。……斜阳草树，寻常巷陌，人道寄奴曾住。想当年，金戈铁马，气吞万里如虎。"

作者用两个典故歌颂了历史上两位大破敌军的英雄人物：第一个是三国时的孙权，他任用周瑜在赤壁大破曹兵；第二个是南朝大将刘裕，率晋军北伐，连续收复洛阳和长安。

词的后半阕："元嘉草草，封狼居胥，赢得仓皇北顾。四十三年，望中犹记，烽火扬州路。……凭谁问：廉颇老矣，尚能饭否？"

在这里，作者以廉颇自诩，但是，去前线冲锋陷阵，对65岁高龄的辛弃疾显然已经不合适了。北伐的关键问题就是南宋小朝廷再也没有岳飞、韩世忠、虞允文那样运筹帷幄、年富力强的统军大将了。

1207年，力主抗金的爱国将领辛弃疾在镇江任上因病去世。据说，这位爱国词人临终时一直大声呼喊着："杀敌！杀敌！"

临终不忘故国

中华文朝故事 两宋季春峰

两宋文坛群星灿

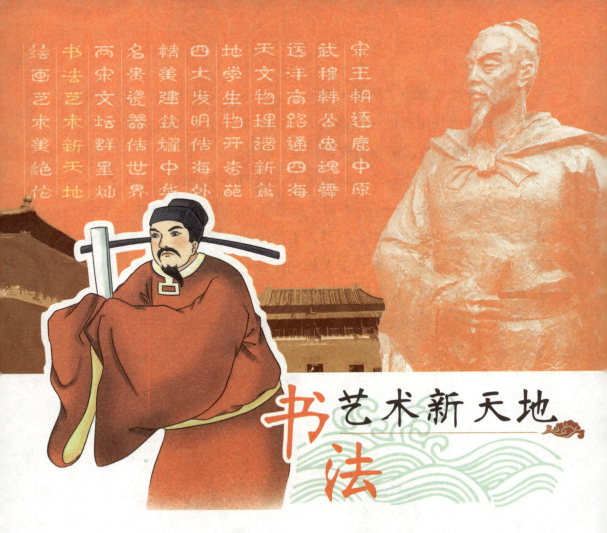

绘画艺术美绝伦
书法艺术新天地
两宋文坛群星灿
名贵瓷器传世
精美建筑耀中华
四大发明传海外
地学生物开奇葩
天文物理谱新篇
远洋商路通四海
武穆韩公忠魂舞
宋王朝逐鹿中原

书法 艺术新天地

　　著名史学大师陈寅恪先生说过"华夏民族之文化，历数千年之演变，造极于赵宋之世"。

　　两宋时期，确实是中华古文明最为繁荣昌盛的时代。在这个重要的历史时期，科学技术领先世界，建筑工艺精美卓绝，诗词歌赋流传千古，而书法绘画艺术取得了更加辉煌的成就，展示了深厚的文化内涵和永恒的艺术魅力。

　　与唐代的书法相比，宋代苏东坡对唐宋两朝书法的比较最贴切："唐书重法，宋人尚意。"意思就是说，唐朝的书法讲究结构与笔法，过于拘谨。宋朝的书法是恣意忘情的挥毫泼墨，远比唐朝书法来得潇洒飘逸。

宋朝书法名家辈出，高手如云。成就最高的是苏轼、黄庭坚、米芾和蔡襄四位书法大家，这四家的书法名冠两宋，被称为"宋四家"。后人评价：蔡襄之妩媚、苏轼之超逸、黄庭坚之雄劲、米芾之豪爽，虽风格各异，但是都突破了唐朝的"窠臼"，再现了魏晋潇洒飘逸的书法艺术风格。

苏东坡潇洒飘逸

在书法界著名的"宋四家"中，以北宋大文学家苏轼的书法最为精妙，被列为"宋四家"之首。

前面我们讲过，苏轼是北宋最重要的文学家、散文家、词作家和诗人，他在书法上的造诣更是首屈一指。苏轼的字写得非常好，他认为自己的书法"虽不及晋人，至唐褚、薛、颜、柳仿佛近之"。也就是说，苏轼认为自己的书法虽然比不上东晋的王羲之父子，但是，与唐代书法家褚遂良、薛稷、颜真卿、柳公权比起来相差不多。

苏轼把自己与颜真卿、柳公权相提并论，是不是有点儿太狂妄了？其实，并非如此！苏轼的书法在意境上已经超过了前人，他不是简单地模仿，而是博采众家之长，形成了自己独特的书法风格。苏轼曾自豪地宣称："吾书虽不甚佳，然自出新意，不践古人，是一快也。"

苏轼的书法最初学王羲之，深得《兰亭序》的精髓；中年以后开始汲取众家之长，最终创出了自己独特的书法风格。《七颂堂识小录》曾有这样的记载："坡公尝钞书，一书为一体。"可见苏轼的书法不拘一格，能写出多种完全不同的字体。

有人曾经批评苏轼的书法"用笔不合古法"，他毫不在意。因为他学习前人的书法时，本来就不是全盘接受的，而是汲取其内在的精神。

苏轼《黄州寒食帖》

也有人笑话苏轼的字写得"太肥"，他却回答说："短长肥瘦各有度，玉环飞燕谁敢憎？"在苏东坡看来，字的长短、肥瘦应该没有什么一定之规，肥如杨玉环、瘦似赵飞燕，谁又能说她们不美呢？

从北宋至今，虽然也历经千年之久，但是毕竟比东晋近得多。所以，苏轼的书法真迹有相当一部分流传到了今天。在苏轼的传世之作中，最珍贵的就是《黄州寒食帖》《与谢民师论文帖》和《洞庭春赋·中山松醪赋》合卷。

现存苏轼的《黄州寒食帖》为纸本，内容是两首五言诗，字体为行书，诗文连同题跋共17行，207字。上面有他的门生黄庭坚和明代大书法家董其昌的题跋。《黄州寒食帖》是北宋元丰五年（1082年）苏轼因"乌台诗案"遭贬黄州时写的，是苏轼书法作品中的行书"第一帖"。

这时的苏轼，年仅46岁，正处在才华横溢、志向高远的年龄。但是，由于与推行新政的当权者政见不同，被诬贬到黄州。当时，正逢连日苦雨，诗人见景生情，百感交集，提笔而书。这幅书法精品在用笔上以侧锋为主，烂漫不羁、雄浑凝重，从头至尾一气呵成。

两首诗写的是诗人被贬到黄州三年、遭逢苦雨时的凄凉境遇和忧愤之情。从第一首诗的开头"自我来黄州，已过三寒食"，到第二首的"空庖煮寒菜，破灶烧湿苇"，每行九至十个字，字体比较小。

再往下写，作者内心不可遏止的激情便倾泻而出，于是，打破了前面的规矩，字体陡然变大，运笔也变得极快，以破竹之势一挥而就，直到"也拟哭穷途，死灰吹不起"结尾。全篇作品，字体大小多变，跌宕起伏，豪放中充满了雄浑、磅礴的气势。

从《黄州寒食帖》的结尾可知，苏轼是怀着与魏晋"竹林七贤"中阮籍身逢乱世、慷慨悲歌时相同的心境，挥笔成文，为我们留下这篇千古名作的。

苏轼的《答谢民师论文帖》也是他传世书法中的精品，全文33行，共计350多字。这幅书法作品是苏轼在北宋元符三年（1100年）书写的，距苏轼逝世仅一年，是他晚年书法的代表作。

这个时候的苏轼，虽然已经快走到人生的尽头，但是无论从书法上，还是言辞中都没有一丝暮气。这幅作品，初看显示的是恬淡、闲雅的气质，细品则更显雍容、大度之风韵。似乎苏东坡一生所有的忧患激愤之情、傲骨嶙峋之志都融入了这幅潇洒飘逸、豪气逼人的书法之中。

书法界普遍认为《答谢民师论文帖》是苏轼晚年书法成熟期的代表作，同时也是他书法造诣达到顶峰的最精美之作。

如果说，在苏轼书法作品中，《黄州寒食帖》是他行书的代表作，那么，他在被贬途中所作的《洞庭春赋·中山松醪赋》则是他晚年精美书法的上乘之作。

这幅书法写的是苏轼晚年再次被贬谪途中的作品，苏轼在《洞庭春赋·中山松醪赋》中，尽情地抒发了自己对时政、人生以及自身仕途之感慨。从作品书法的风格、气韵中可以明显地看出，作者对这两件作品是极为珍重的。《洞庭春赋·中山松醪赋》合卷，字迹如普通古钱大小，共计77行，680多字，是现存苏轼书法作品中字数最多、最精美的作品。

这幅传世佳作古朴典雅，字迹姿态百出，结构疏密得当，全文无一处失落之笔，无一笔涩滞之误。这幅作品被后世书法家评价为"当是眉山最上乘"。张孝思在为《洞庭春赋·中山松醪赋》合卷的题跋中，曾称颂这幅东坡手书真迹"经营下笔，结构严整。郁屈瑰丽之气，回翔顿挫之姿，真如狮蹲虎踞"。

黄庭坚奇伟雄浑

黄庭坚（1045—1105年），字鲁直，号山谷，江西分宁人，与张耒、秦少游、晁无咎同在苏轼门下，世称"苏门四学士"。

黄庭坚虽因为反对新法，在官场上屡遭贬斥，但为人正直、傲骨嶙峋，不肯随波逐流。黄庭坚非常推崇苏轼，他的书法冠绝一时，其楷书、行书、草书在两宋时期享有盛誉。

黄庭坚的楷书，先学褚遂良，后学柳公权，行书学颜真卿，都十分出色。因深受唐代大书法家张旭和怀素的影响，黄庭坚的草书尤其出色，被认为是宋代草书之冠。

黄庭坚自己说："我学草书三十多年，晚年得到苏子美的草书，才得知古人的笔意；后来得到张旭和怀素的墨迹，才真正窥透笔法绝妙之处。"可见，黄庭坚学草书也和苏轼一样，那就是不拘一格、博采众长。

黄庭坚的书法以潇洒飘逸、奇伟雄浑之风见长。传世的书法佳作有《苏轼寒食诗帖跋》《经伏波神词诗卷》《刘禹锡竹枝词》《松风阁诗》和《诸上座帖》等。

黄庭坚的《苏轼寒食诗帖跋》书于元符三年（1100年），是黄庭坚为苏轼《苏轼寒食诗帖》所题的跋，共60字，全文如下："东坡此诗似

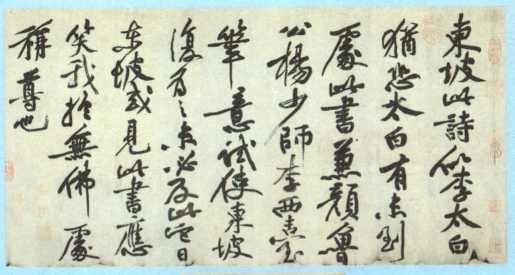

黄庭坚《苏轼寒食诗帖跋》

李太白，犹恐太白有未到处。此书兼颜鲁公、杨少师、李西台笔意，试使东坡复为之，未必及此。它日东坡或见此书，应笑我于无佛处称尊也。"

尽管黄庭坚把苏轼这两首诗排在诗仙李白之上，有点过誉。但是，他对苏轼《寒食诗帖》书法的评价还是有道理的。由于黄庭坚所题的字也精妙雄健、神韵非凡，令人叹为观止。这幅作品中，黄庭坚的书法与苏诗、苏字比肩而列，更显得珠联合璧、弥足珍贵。

《诸上座帖》是现存黄庭坚最重要的草书墨迹。这幅草书是黄庭坚为他的好友李任道用大草书写的五代时期文益禅师的《语录》。

《诸上座帖》通篇结构瑰丽雄奇，笔势飘动纵逸，深得唐代大书法家张旭和怀素笔法之精华，是黄庭坚晚年最得意的书法杰作。因此，后人评论此帖"捕龙蛇，博虎豹，乘风霆而上下太清，谁得而袭其踪迹也"？

《松风阁诗》是黄庭坚最重要的行书墨迹，这幅帖共29行，153

字，现藏于台北"故宫博物院"。这幅书法作品波澜壮阔、意气雄浑：论其章法，开合有致，通篇结构极富神韵；论其笔法，潇洒荡漾，呈长桨拨水之势。被认为是黄庭坚行书的代表作。

米南宫神韵秀雅

米芾的书法水平相当高，他写的真、篆、隶、行、草都有相当高的造诣。高宗赵构称赞他的书法："米芾得能书之名，似无负于海内……其中本六朝妙处，酝酿风骨，自然超逸也。"

米芾（1051—1107年），字元章，又自号襄阳漫士等，人称"米南宫"，是北宋 著名书法名家和绘画大师。

米芾的书法比苏、黄二人更强调自然随意，更追求其中的天真意趣。由于这三位大师在书法上都极为追求个性的解放和潇洒自然的风格，因此，在著名的"宋四家"中，他们三位的书法造诣最为精深、成就也最突出。

米芾在文学上的成就虽然不及苏轼、黄庭坚，但在书法、绘画方面对后世的影响似乎在苏、黄之上。

米芾在中国书法史上的地位是别人无法取代的。苏轼对米芾的书法水平，评价相当高，他甚至认为米芾的书法"篆隶真行草书……当于钟王并行，非但不愧而已"。

米芾的书法先学颜真卿，后学柳公权，后来，米芾被徽宗皇帝诏为"书画博士"，得以进入宣和内府遍观古人的书法名迹，深得王羲之、王献之父子的书法精髓。《宋史·米芾传》称赞他："特妙于翰墨，沉著飞翥，得王献之笔意。"看来绝非虚言。

米芾的传世书法作品有《蜀素帖》《苕溪诗帖》《大行皇后挽词》《珊瑚帖》《寒光帖》《紫金研帖》《多景楼诗》等多幅。

其中，著名的是《蜀素帖》，这幅书法作品是行书，共71行，556字，现藏于台北"故宫博物院"。由于米芾的《蜀素帖》中有各体诗共六种九首，所以也被称之为《各体诗卷》。此帖虽然是多达数百字的翰墨长卷，然而，每个字均呈活泼跳跃、灵动天真之姿态，通篇则神韵天成、秀雅非凡，充分展示了米芾超神入化的书法造诣。为此，后人曾评价这幅书法作品"风神秀发，仙姿绝世，为米老行书第一"。

米芾自己最为得意的书法作品是《大行皇后挽词》，这幅书法作品是"小字行书"，在米芾的书法作品中非常少见。米芾在《海岳名言》中曾经说过："吾书小字行书，有如大字，唯家藏真迹跋尾，间或有之，不似与求书者，心既贮之，随意落笔，皆得自然，备其古雅。"由于米芾的小字行书大都只用于家藏前人真迹的题跋，在写给友人、同僚的应景之作中是不多见的，因此最为珍贵。这幅作品的后面有明代书法家董其昌的临本和题跋。董其昌在跋中盛赞这幅作品"用笔古雅，结构遒媚"。

米芾现存最具代表性的书法作品是《苕溪诗帖》，这幅作品为纸本，共35行，294字，是米芾38岁时应湖州知州林希之邀，前往苕溪游玩时呈献给好朋友们的诗作，真迹现藏于北京故宫博物院。

这幅《苕溪诗帖》是米芾书法艺术最重要的代表作。米芾书写《苕溪诗帖》时，年仅38岁，正值才华横溢、英姿飒爽之际；而《苕溪诗帖》也是朋友们在苕溪聚会，米芾为兴致所趋，遂援笔而书的佳作；与王羲之书写《兰亭序》之意境极为相似。因此，这幅作品可谓笔随意落，意随笔兴，无论其风韵、笔意都堪称佳作。

后人认为米芾的《苕溪诗帖》是在继承了二王书法的基础之上，又融入了自己心得的精妙之作。细观这幅诗卷，在用笔上多以侧锋取势，其飘逸之神、自然之趣在笔锋的任意挥洒中表现得淋漓尽致；整篇书作充分展示了米芾书法中的千种风流、万般仪态。用米芾在《书史》中自己的话说，这幅书法确实具有"锋势郁勃，挥霍浓浓如云烟，变怪多态"之美。

米芾之子米友仁的传世书法作品有《吴郡重修大成殿记》《潇湘奇观图跋》《米芾草书九帖跋》和《杜门帖》、《文字帖》等数种。大米、小米书法艺术的传承，确实有东晋二王父子的风范，所以被传为两宋书法艺术中的趣谈。

蔡君谟秀美闲雅

蔡襄

蔡襄（1012—1067年），字君谟，福建仙游人。蔡襄仕途通畅，深得皇帝信任，曾先后任龙图阁直学士、知开封府尹，枢密直学士知福州、泉州，端明殿学士知杭州等要职。

蔡襄工书画，行、楷、草书，各得其妙。据《宋史·蔡襄传》记载："襄工于书，为当时第一，仁宗尤爱之。" 蔡襄为人刚正不阿，他之所以能深得宋仁宗皇帝的信任，可能与他的书画造诣有很大关系。

蔡襄的书法，既深受颜真卿、柳公权的影响，又汲取了钟卫、二王之精华。所以他的书法在当时就深受世人的追捧。苏轼对蔡襄的书法评价相当高："君谟书天资既高，积学深至，心手相应，变态无穷，遂为本朝第一。"

蔡襄的书法同样深得钟、王、颜、柳之妙，独成一家。后世认为，他的书法秀美闲雅有余，潇洒飘逸不足。其实这也许是一种偏见。如果拿潘安和卫玠去比西施、杨贵妃谁更好看呢？恐怕只能是仁者见仁、智者见智了！

蔡襄传世的书法墨迹有《谢御赐书诗》《离都贴》及《昼锦堂记》《万安桥记》等珍贵的碑刻真迹。

在蔡襄的书法碑刻中，最为著名、对后世影响最大的是《万安桥记》碑刻。

前面我们讲述宋代建筑的时候，详细讲述过这座万安桥。北宋时的泉州，是江南的重要港口，在洛阳江的入海口处，不仅江水极宽，形成天然路障，而且风浪很大，经常发生危险。前人多次修桥，都以失败告终。皇祐五年，蔡襄任泉州知府，亲自主持开工修建了这座历史上著名的长桥——万安桥。

万安桥峻工后，蔡襄亲自为这座桥题写了碑记，这就是著名的《万安桥记》碑，这块碑现保存在桥南的蔡襄祠中。碑文为楷书，共计153字，由于字迹端庄秀美、神韵非凡，为历代书法名家所称颂。

《万安桥记》碑不仅是"宋四家"中不可多得的精美书法碑刻，而且是记载宋代桥梁建筑技术的珍贵的科技史料，在科学史上占有非常重要的地位。

由于万安桥横跨在洛阳江上，因此，人们也称这座桥为洛阳桥。现在这座桥已经成为了当地的名胜古迹，人们把蜿蜒数里的长桥、精练古朴的碑记、精美绝伦的书法并列一起，合称为洛阳桥"三绝"。

宋徽宗赵佶

除了"宋四家"之外，北宋时期的书坛上还有许多书法大家，其中，以宋徽宗赵佶和太师蔡京最为有名。

赵佶（1082—1135年），就是北宋徽宗皇帝，他既是中国历史上著名的亡国之君，同时也是中国历史上颇有造诣的书画大家。赵佶在书法史上的最大贡献，就是创立了著名的"瘦金体"书法。

瘦金体本来应该称为"瘦筋体"，由于赵佶的帝王身份，所以后人就把原来的"筋"字改成了"金"字。清代学者、书法家叶昌炽曾经说过："道君虽青衣受辱，艺事之精，冠绝今古。其书出于古铜书……瘦硬通神，有如切玉，世称瘦金书也。"

赵佶的瘦金体以犀利挺拔、清秀飘逸著称于世。赵佶的书法造诣很深，不仅以瘦金书名传天下，他的楷书、行书和草书都写得很精妙。

由于他擅长作画，常把画法融于书法。流传下来的赵佶大字楷书《秾芳依翠萼诗帖》笔法犀利，铁画银钩，飘逸劲特。帖后有陈邦彦题跋称："此卷以画法作书，脱去笔墨畦径，行间如幽兰丛竹，泠泠作风雨声，真神品也。"可见，赵佶作为书画大家却是当之无愧的。

赵佶传世的书法之作还有《瘦金书千字文》《欧阳询张翰帖跋》等。清代王文治在《论书绝句》中称赞这位亡国之君、书画大师"不徒素练画秋鹰，笔态冲融似永兴，善鉴工书俱第一，宣和天下太多能"。

徽宗皇帝长于书画，也喜欢重用书画水平高的人。他做皇帝时，掌朝太师蔡京和弟弟蔡卞都是颇具盛名的大书法家。

施耐庵在《水浒传》中这样写道："如今天下盛行四家字体，是苏东坡、黄鲁直、米元章、蔡京四家字体。苏、黄、米、蔡，宋朝'四绝'。"

按照施耐庵的说法，最初被列入"宋四家"的很可能不是蔡襄而是蔡京。

明人安世凤在《墨林快事》中也有类似的记载，仙游蔡氏宗族中的书法："卞胜于京，京又胜于襄，今知有襄而不知有他蔡。"蔡京兄弟与蔡襄都是福建仙游蔡氏宗族中人，但蔡襄是位清官，而蔡京则是朝中奸佞，被万人唾骂。因此，后人就把"宋四家"中的蔡京换成了蔡襄。

书法艺术新天地

两宋文坛群星灿

名贵瓷器传世界

精美建筑耀中华

四大发明传海外

地学生物开奇葩

天文物理谱新篇

远洋商路通四海

武穆韩公忠魂舞

宋王朝逐鹿中原

绘画 艺术美绝伦

北宋建立以后，从开国皇帝赵匡胤开始，太宗以下六位皇帝都喜欢收藏古画。太平兴国年间，宋太宗赵光义专门下诏寻访天下书画。到了宋徽宗时，北宋官方收藏的历代名画已经有 6000 多幅。

宋徽宗赵佶不仅喜欢欣赏古画，还喜欢自己动手画画。这幅精美的《桃鸠图》就是赵佶的亲笔画作，上面还有他的瘦金体题跋呢！

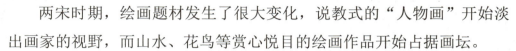

"宋三家"承前启后

两宋时期，绘画题材发生了很大变化，说教式的"人物画"开始淡出画家的视野，而山水、花鸟等赏心悦目的绘画作品开始占据画坛。

北宋初年，最重要的山水画大师是李成、范宽和董源。这三位是五代到宋初最杰出的画家，在中国绘画史上起着承前启后的作用，因此，被后世画家尊称为"宋三家"。

《 李 成 》

在享誉画坛的"宋三家"中，最受北宋皇室推崇的是李成。李成（919—967年），字咸熙，陕西长安人，李唐皇室的后裔。

李成的山水画深受五代山水画家关仝和荆浩的影响，但并非简单的模仿。关、荆二人的山水画大多奇峰突兀、气势雄浑，而李成笔下的山水却构图巧妙、清丽奇秀，呈现出一种淡雅恬静、超凡脱俗的神韵。

《寒林平野图》是李成的传世精品。现收藏在台北"故宫博物院"。画面上萧瑟的隆冬平野，长松亭立，古柏苍虬，枝干交织，老根盘结。树下河道曲折，似乎已经冰冻凝结，而轻轻的烟霭在空濛中直达天际。整幅作品仅用淡墨作了少量的烘染，就被赋予了秀润、淡雅、清新的美感。

李成对北方雪后山景的描绘最有特色。他独创的、被后人称为"绝技"的是以洒粉或填粉渲染的方法描绘北方的雪景。

在李成笔下，山峦素裹、古木寒鸦的北国雪景被描绘得淋漓尽致，后世画家认为李成是唐代王维之后最杰出的雪景大师。

《群峰霁雪图》这幅山水画是李成表现雪后山景的重要作品，现收藏在台北"故宫博物院"。

画面上的远景：雪后远峰屏立、银妆素裹；在稍低的山岭上，林木茂密、楼阁掩映；峰岭之下沟壑交错、寒林蓊郁。

画面上的近景：层岩巨石之上有劲松数棵，松下只有小亭，不见人迹；巨岩下临深潭，飞瀑流泉直倾潭中。

这种用浓淡相间的墨色描绘淡雅清新的雪中景色，正是李成雪景山水画的重要特色。因此，这幅作品被公认为李成的真迹。

李成的传世画作，除了《寒林平野图》《群峰霁雪图》之外，还有《晴峦萧寺图》《读碑窠石图》《茂林远岫图》等，都是传世古画中的珍品。

〖 范宽 〗

范宽，字中立，他生活的年代略晚于李成，在北宋天圣年间依然活跃在画坛上。

范宽的山水画，既有荆浩、关仝的雄伟气势，又有李成的宁静深远。范宽的画作流传很少，真迹更难得一见。被认为范宽真迹的只有《溪山行旅图》《雪山萧寺图》《雪景寒林图》等很少几幅画。

《溪山行旅图》被公认为范宽的代表作，现收藏在台北"故宫博物院"。这幅山水画卷尺寸为206×103厘米，描绘的是关陕地区的高山峻岭。

画面上的远景：雄浑的巨峰高高耸立，山隙之间，飞瀑如千尺白练直泻而下。巨峰之下是一片空濛，衬托着近景中的山峦。山峦之上怪石嶙峋，林木繁茂，右侧的林木间显露出楼阁的飞檐。山峦之下流水潺潺，有几匹驮马行走在林边的山路上。

观看这幅画，似乎那清脆的銮铃声、叮咚的溪水声就回响在耳际，给静寂的山林增添了壮美的情趣。

《雪山萧寺图》也被认为是范宽的真迹，现收藏在台北"故宫博物院"。这幅画卷尺寸为182×108厘米，描绘的是深山古寺的雪景。

画面上，雪峰雄伟，势若虎踞；高峰之侧壁立万仞，山峦之上寒林掩映；在深谷之中，寒泉涧水汇成溪流、奔涌而出。

雪峰之侧、树木之巅显露出山中古寺的楼阁、飞檐。山体凸起处为雪地，用墨极轻，淡若烟云；山体阴凹处为林木，用墨凝重，尤其深谷晦暗处用墨最深，给人以幽深之感；连雪天阴晦的天空都被画家用水墨进行了渲染。

整幅画卷，深谷、林木、天空与银装素裹的雪山形成了鲜明对比。这幅画有宋人王诜的题跋："博大奇奥，气骨玄邈，用荆关董巨，运之一机；而灵运雄迈，允为古今第一。"

【 董源 】

"宋三家"中，董源名气最大。直到明清两代，许多山水画名家在初学绘画时仍然从临摹董源的山水画入手。许多画家的传世名画都题作"仿董源山水"。

董源长期生活在江南，因此，他的山水画不仅汲收了前人的艺术成就，而且从秀美、绚丽的大自然中汲取了许多重要的生活气息。

收藏在北京故宫博物院的《潇湘图》被认为是董源山水画的代表作。这幅画卷为横幅，尺寸50×141厘米，以美丽的江南山水为题材，描画了一幅充满生活气息的自然景色。

远处是起伏的山峦，近处是宽阔的江水；山水之间的中坡上，生长着葱茏的密林，数间农舍掩映其间；江上有两艘轻舟，其一泛舟中流，其一靠近江岸，江边渔民数人，正在拉网捕鱼。

画家以淡点代替渲染，在天空与山际间描绘出了江南水乡特有的、淡薄的烟云；宽阔、宁静的江面在小小的舟船和人物的对比映衬下，显得无比广阔、平远而壮观。

现藏于台北"故宫博物院"的《龙宿郊民图》也被认为是董源真迹，画卷尺寸为156×160厘米。这幅画描绘的是初夏时节、草木繁盛的江南景色。

作者先用墨笔勾勒出峰峦和林木，然后用墨色进行渲染；画中山峦作披麻皴，峰峦、缓坡及林间空地敷以淡色青绿，生动地再现了江南草木繁盛、郁郁葱葱的优美景色。

元代画家汤垕在《画鉴》中对"宋三家"的山水画进行了评价："董源得山之神气，李成得山之体貌，范宽得山之骨法，故三家照耀古今，为百代师法。"

画院派技艺高超

两宋时期，中国画坛上出现了画风完全不同的两大流派——画院派画家和文人画家。

北宋立国后就设立了翰林图画院，吸引了许多一流的职业画家，这就是画院派的由来。画院派画家技艺精湛、纯熟，他们所画的人物、山水和花鸟都相当逼真、传神，开创了我国绘画史上最辉煌绚丽的时代。

宋徽宗赵佶虽然误国身死，但是，他在绘画艺术上的贡献却非常重要，他当皇帝的那些年是宋代绘画发展真正的黄金时期。这个时期，画院中高手如云，著名的有张择端、王希孟、李唐等人。

【 张择端 】

张择端，字正道，画院派画家。因年代久远，他的生平已经无法查

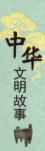

考。张择端的名字是随着他画的《清明上河图》流传至今的。因画卷上金人、元人在题跋中称他为"翰林",所以,人们猜想他肯定是徽宗时期画院中的画师。

张择端的《清明上河图》绢本设色,尺寸为528.7×24.8厘米,现收藏在故宫博物院。

《清明上河图》描绘的是清明时节北宋都城汴河两岸的风光,画卷以全景式构图、严谨精细的笔法,再现了北宋都城市井生活状况和社会风貌。

画卷从右至左分为三段。

首段画的是汴京市郊的风景:寂静的原野上春风弥漫,池沼、绿柳、田畴错落其间;阡陌上扫墓、踏青的游人,驱赶牲畜的客商络绎不绝。

中段画的是运输繁忙的汴河:画面上有数艘巨大的漕船,或在河面上往来行驶,或停泊于码头装卸货物;画面上还有一座规模宏敞的拱桥横跨在汴河上。这座拱桥凌空飞架,宛如长虹,造形十分优美;桥的两端是热闹繁华的街市,车水马龙,人群熙攘,与桥下繁忙的水运相互呼应。

后段画的是汴京市区的街景:以高大的城楼为中心,街道纵横交错、店铺鳞次栉比;茶坊、酒肆、店铺、车行一应俱全;还有难以计数的小商小贩,沿街叫卖,好不热闹。从十字街头再往前,似将临近汴京的中心,画卷戛然而止,给观者留下了无限的遐想。

《清明上河图》设色清淡典雅,笔墨精纯,其精美绝伦的艺术成就在中国绘画史上是绝无仅有的。画面上流畅地描绘了数百人的生活细节和有趣的场景,真实生动,令人叹为观止。因此,尽管张择端的画作只流传下来这一幅《清明上河图》,然而,他在中国绘画史上的重要地位却是任何人都无法取代的。

张择端的长卷《清明上河图》不仅是绘画艺术珍品，而且是北宋翔实的社会写真，更是极为珍贵的科学史料，在研究宋代经济、建筑、桥梁、船舶、水运以及风土人情等方面具有无法替代的价值。

《 王希孟 》

王希孟是在画院中成长起来的画家，他的生平也同样无从查考。我们只能从太师蔡京在巨幅画卷《千里江山图》上的题跋得知：王希孟生于哲宗年间，十几岁时便在画院当学生，后来在宫廷中绘画，死时年仅二十余。

王希孟初入皇家画院时，画技并不太好，但是资质极高。宋徽宗赵佶独具慧眼，发现了王希孟的绘画天赋。以后由天子"亲授其法"，因此，王希孟的绘画水平提高得很快，并创作了《千里江山图》这幅1191.5×51.3厘米的巨幅青绿山水长卷。

这幅山水长卷，场景宏大，生动地描绘出了祖国万里江山的壮丽

《千里江山图》局部

中华
文明
故事

景色。画面上，峰、岭、沟、壑，星罗棋布，洲、渚、汀、岛，气象万千，树丛竹林、瓦舍茅屋优雅地点缀其间。画中大江旷远，水天相接，水中各色各样的舟楫桥榭、楼阁亭台更是数不胜数，精巧生动，令人叹为观止。

《千里江山图》是青绿山水，有着一种真正灿烂辉煌的美，是典型的宫廷山水画卷。整幅画卷气势恢宏，色彩浓艳而不浮华，笔法细腻而不拘谨。这幅《千里江山图》被公认为北宋后期青绿山水画的杰出代表。

《千里江山图》现收藏在故宫博物院。画卷上有蔡京亲笔题跋："政和三年闰四月一日赐，希孟年十八岁……上知其性可教，遂诲谕之，亲授其法，不逾半载乃以此图进，上嘉之，因以赐臣。"

《 李唐 》

李唐（约1066—1150年），字晞古，河阳人。他喜欢读书、精于绘画。徽宗时的宫中画师，享有盛名。靖康之变，北宋王朝遭灭顶之灾，李唐随徽、钦二帝被押往金国。

南宋在江南立国后，李唐冒死逃出金人魔掌，来到临安（今杭州），在街头卖画度日。绍兴十六年，南宋恢复画院，李唐重回画院。

《清溪渔隐图》是李唐晚年最成熟的绘画作品。这幅水墨长卷为绢本，25.2×144.7厘米，现收藏在台北"故宫博物院"。

《清溪渔隐图》描绘的是江南夏季雨后的美丽景色。画面的前段是一条清溪流入茫茫的湖水，远处的沙岸依稀消失在水天之中。在岸边稀疏的芦苇丛里有位老者，坐在船头垂钓，点明了"渔隐"的主题。

画面的后段描绘的是"清溪"。近景是茂密的树林和两岸突兀的巨石。山溪从浓荫之下，蜿蜒流向远方。乡间的水磨坊临水而立，小桥横跨于清溪之上。画家表现出一幅朴实、宁静、优美的乡村景色。

李唐的传世画作有《长夏江寺图》《采薇图》《牧牛图》《清溪渔隐图》等。尽管李唐的山水画带有北方画派的风格，然而，在整个南宋时期他的山水画影响最大。

文人画影响深远

在北宋中叶，画坛上出现了最早的文人画。两宋文人画派的代表人物有苏轼、米芾、米友仁、李公麟、赵孟頫、陆游和郑肖思等人。

文人画家虽然不是以绘画为生的职业画家，然而，大都具有较高的文化素养和优雅的情趣，常常把诗文的意境引入画中。他们注重的不仅是绘画技巧，而是事物内在的神韵和气质。

《 苏轼 》

苏轼是以文学、书法闻名于世的，然而，他在绘画方面同样也达到了极高的境界。尽管他流传下来的绘画作品不多，但是他的绘画理论和美学思想对后世画坛的影响却十分深远。

苏轼画竹，墨法奇特、古朴，大多以深墨为面，淡墨为背，在追求水墨淋漓的生动效果的同时，更显示其"傲风霜、阅古今之气"的独特风格。

苏轼画的墨竹，通常著叶不多，然而出枝挺拔、疏密有致，颇具神韵。苏轼唯一的传世之作，是一幅《枯木竹石图》，现流落在日本。

这幅画仅26.5×50.5厘米，图中绘有一块怪石，怪石的右侧是一株枯树，蟠虬曲姿，极富意趣。怪石的左侧是数枝短竹，枯木之下还绘有数茎野草。整幅画卷，怪石、枯木、短竹一气呵成，发墨清晰新奇，没有一点儿凝滞之笔。画中的景物在"似与不似之间"，呈现出文人画浓重的"写意"之趣。

苏轼的好友米芾曾在《画史》中评价他的画："子瞻作枯木，枝干虬屈无端倪，不皴硬，亦怪怪奇奇，如其胸中蟠郁也。"从这幅画中可以看出，米芾的评价是相当精准的。

苏轼是第一个把"文人画"与"画工画"进行了区分的画家。苏轼提出画工作画注重"形真"，而文人作画追求的是内在的"意境"。这正是后世文人画"写意"的理念，在中国绘画史上的影响是十分深远的。

《 米芾、米友仁 》

在北宋文人画家中，成就最突出的是米芾、米友仁父子。米氏父子以杰出的山水画技被尊称为北宋画坛的领袖。

明代书画大师董其昌曾经说过："诗至少陵，书至鲁公，画至二米，古今之变，天下之能事毕矣。"

在董其昌看来，诗以杜工部为圣，书法以颜真卿为尊，而二米的画代表着中国古代画品的最高水平。

米芾、米友仁父子作为中国画坛上独领风骚的艺术巨匠，对中国山水画发展的影响是空前绝后的。

画界人士认为，"米家山水"最大的特点就是自然天成，没有造作之笔。北宋山水画家大都喜欢模仿关仝、李成北派山水"危峰峻岭"的画风，以雄浑壮阔取胜。而米氏父子却独辟蹊径，对董源、巨然为代表的江南山水画派的"天真平淡"和"烟云雾景"推崇备至。

米芾在《画史》中说："余家董源《雾景》横披，全幅山骨隐显，林梢出没，意趣高古。"后人普遍认为中国山水画史上著名的"米家云山"就来源于这幅米氏收藏在家中的董源山水画《雾景》。

米芾的山水画造诣一方面深受董、巨江南山水画派的影响；另一方面也来自大自然。米芾喜爱自然山水，他在江南为官，对广西、湖南和江浙等地的风景十分熟悉。据宋人《洞天清录》记述："米南宫多游江浙间，每卜居必择山明水秀处。其初本不能作画，后以目所见，日渐模仿之，遂得天趣。"可见独特的"米家云山"真正的源泉正是大自然。

米芾生平作画相当少。北宋学者在《画继》中是这样记载的：米芾"字札流传四方，独丹青诚为罕见"。连宋人都很少见过米芾的山水画，今天就更不可能看到了。值得庆幸的是，米友仁的《潇湘奇观图》奇迹般地流传至今，我们才有幸识得"米家云山"的真面目。

米友仁（1074—1153年），字元晖，小名虎儿，是米芾的长子，人称小米。小米的山水画深得父亲的真传，由于大米的山水画没有传世，有人认为大米长于梅兰松菊，而山水画中的"米家云山"或许小米更成熟。

现藏于故宫博物院的《潇湘奇观图》是"米氏云山"的代表作。这幅名画289.5×19.8厘米。卷首：漫漫云海中隐隐现出远山坡脚，起伏叠嶂的峰峦伴随着弥漫、飘浮的云气，展现于团团的白云

《米芾拜石图》

之间。中段：山景渐近，显露出清晰的山川，云层在山腰飘荡，尖峰耸立、溪水成渚、林木葱茏。末端：远处山色云气渐淡渐远，近处的林木、草庐清晰可见。

整幅画卷，山峦重叠、云海漫漫，林木隐约、溪水潺潺，给人以人间仙境般的美丽、神奇之感。正因为有这幅画流传至今，我们才能领略"米家云山"的神奇画境。

《 宋徽宗能诗善画 》

宋徽宗赵佶（1082—1135年），作为北宋的亡国之君，不是个好皇帝，然而却是一位杰出的艺术家。赵佶能诗、善书，尤其擅长绘画。

赵佶作为艺术大家，他的作品既有画院派的精湛画技，又有文人画的意境和风格。流传下来的《芙蓉锦鸡图》《五色鹦鹉图》等有他人代笔之嫌，但是，《柳鸦芦雁图》《四禽图》和《雪江归棹图》等仍然被认定是宋徽宗赵佶的亲笔真迹。

《柳鸦芦雁图》现藏于上海博物馆，这幅画被专家们鉴定为赵佶的亲笔。这幅水墨画为纸本，淡设色，尺寸为34×223.2厘米。

这幅画卷，前半段画的是一丛芦苇和四只芦雁。芦苇在春天的水塘边随风摇曳，用笔随意、简括；四只芦雁或寻觅食物，或亲密交谈，体态生动、栩栩如生。后半段画的是一株垂柳和四只乌鸦。垂柳粗壮的树干、柔美的嫩枝，十分自然、古朴；四只乌鸦或栖于枝头，或相对鸣叫，鲜活、有趣。

整幅画呈现一种生动自然、简朴纯美的风格，不尚铅华，而得天然风致。画中的芦苇、垂柳、芦雁、乌鸦以及水塘边的小草都设色淡雅，古朴空灵。这幅画虽然是工笔设色，却显露出浓厚的文人画的意境。

《 郑思肖写兰无土 》

随着南宋灭亡，画家们万念俱灰，只能以绘画表达自己对故国山河的眷恋之情，南宋文人郑思肖就是用画笔表达心中亡国意境的高手。他的传世之作《墨兰图卷》用笔飘逸，墨色淡雅，在南宋末年的文人画家中独树一帜。

郑思肖晚年所画的墨兰都露根而且无土，有人问他为什么不画土石，他回答说："土为番人夺去！" 可见，此时的文人画，已达到了以"意"为先的深远境界。

郑思肖的爱国之情深为民族志士所称道。据说，日军占领北平期间，汉奸殷汝耕曾派人用古画、古玩收买著名爱国人士、书画鉴赏大师张伯驹先生。面对汉奸的诱迫，张先生大义凛然地说："我喜欢郑思肖的兰花！你们有吗？"

宋朝虽然灭亡了，但是，苏轼、二米、郑思肖等人开创的文人画却被"元四家"继承，并成为元、明、清三代文人画的重要基础。尤其明清两朝，文人学者以大写意手法绘制的山水、花鸟画逐渐成为画坛的主流。